Herr Schröder
mit Simon Slomma

WORLD OF LEHRKRAFT

Ein Pädagoge packt aus

W0087896

Ullstein

Besuchen Sie uns im Internet:
www.ullstein-buchverlage.de

Originalausgabe im Ullstein Taschenbuch
1. Auflage November 2019
3. Auflage 2019
© Ullstein Buchverlage GmbH, Berlin 2019
Umschlaggestaltung: zero-media.net, München
Titelabbildung: © Robert Maschke
Satz: Pinkuin Satz und Datentechnik, Berlin
Gesetzt aus der Dolly
Druck und Bindearbeiten: CPI books GmbH, Leck
ISBN 978-3-548-06094-1

Inhalt

Prolog

Ich, Herr Schrödi

Guten Morgen. Ich stell mich erst mal vor. Ich bin Herr Schröder. Ich schreib's besser an die Tafel:

- S wie Samariter,
- C wie charmant,
- H wie Herzenswärme,
- R wie Reclamheft,
- Ö wie Öffentlicher Dienst,
- D wie Dienstaufsichtsbeschwerde,
- E wie endoplasmatisches Retikulum,
- R wie Reha.

Ich bin Lehrer. Nein, es ist noch schlimmer: Ich bin Deutschlehrer. Ich führe ein Leben am Korrekturrand der Gesellschaft. Durch meine Adern fließt rote Tinte. Ich wurde mit Buchstabensuppe gestillt. Manche sagen, ich sei das Ergebnis einer beruflichen Fehlentscheidung. Da muss ich gleich mal korrigierend eingreifen. Aus meiner Sicht handelt es sich eher um eine ganze Verkettung von

Fehlentscheidungen. Aber jetzt ist es, wie es ist. Ich bin Beamter mit Frustrationshintergrund. Rente sicher, aber als Junglehrer schon senil.

Ich möchte wirklich nicht larmoyant erscheinen, aber womit man als Lehrer am meisten zu kämpfen hat, sind Vorurteile und Klischees. »Ach, du bist Lehrer? Na ja, ich arbeite ja Vollzeit.« Ich weiß, was Sie alle denken. Ab 13:30 Uhr auf den Südbalkon, Füße hoch, Hose auf und bei ein, zwei Aperol Spritz den Tag ausklingen lassen. Und das stimmt ja auch – jedenfalls für die Sport- und Erdkundelehrer. Deren Unterrichtsvorbereitung darf man sich so vorstellen: Ball aufpumpen und Weltkarte ausrollen. Fertig.

Für den Rest von uns sieht die Realität anders aus. Heute braucht man als Lehrer vor allem Empathie: *Spüren*, in welche Schublade das Kind passt. Auch mal ein gewisses Interesse für den sozialen und familiären Hintergrund heucheln. Zum Beispiel beim Elternsprechtag. Da macht der Ton die Musik. Du kannst als Lehrer nicht sagen: Der Maddox ist faul. Das muss positiv formuliert werden. Der Maddox war mit großem Erfolg und kontinuierlich im Unterricht anwesend. Er kam auch nicht jeden Morgen zu spät, nein, er befreite sich selbstbewusst vom Zwang zeitlicher Absprachen. Die Hausaufgaben hat er nicht vergessen, sondern sekundär priorisiert. Unangenehmerweise wollen die Eltern mittlerweile überall mitreden. Sie haben den Schulleiter auf der Kurzwahltaste und eine Standleitung zum Kultusministerium. Die laktosefreie Butter lässt sich keiner mehr so einfach vom Dinkelbrot nehmen.

Ich unterrichte an der HFG, der Helene-Fischer-Gesamt-schule. Eigentlich wurde unsere Schule nach dem berühmten deutschen Schriftsteller Hans Fallada (1893–1947), Autor von »Wolf unter Wölfen« und »Kleiner Mann – was nun?«, benannt. (Ich kann das übrigens sehen, wenn Sie gähnen.) Die Schüler können sich diese Eckdaten auch nicht merken und haben die HFG deshalb intern auf eine lebende Schlagerlegende umgetauft. Sie begründen ihre Entscheidung damit, dass das deutsche Schulsystem wahnsinnig stresst und sie von der Politik »atemlos durch G8« getrieben werden. Außerdem sei die Zeit der alten, weißen Männer vorbei.

Apropos, Sie können mich ruhig »Schrödi« nennen. Das machen alle hier. Vor allem die Schüler. »Herr Schröder« sagen sie nur, wenn es irgendwie offiziell ist oder sie etwas von mir wollen. Meine Schüler mögen mich. Glaube ich. Außerdem sehen sie in mir eine Stilikone. Als sie neulich in Geschichte eine Collage zur Adenauerzeit machen soll-ten, hat eine Arbeitsgruppe einfach mein aktuelles Jahr-buch-Foto aufgeklebt.

Übrigens: Sie müssen sich nicht stressen beim Lesen. Schweifen Sie ruhig ab. Wenn Ihnen der Sinn danach steht, überblättern Sie gerne ein paar Seiten. Suchen Sie nach den bebilderten Passagen. Überstrapazieren Sie Ihre Aufmerksamkeitsspanne nicht. Googeln Sie die Zusam-menfassung. Fragen Sie Ihren Sitznachbarn. Bin ich alles gewohnt. Aber denken Sie bitte nicht, dass ich es nicht merke. Das ist die einzige Art, wie man uns Lehrer noch beleidigen kann: Wenn Menschen annehmen, wir würden das alles nicht mitkriegen. Natürlich weiß ich, dass Sie gerade essen und das Buch vollkrümeln. Das macht aber überhaupt nichts! Entspannen Sie sich. Was wir auf den folgenden Seiten behandeln, ist nicht klausurrelevant. Versprechen Sie mir nur, dass Ihre Eltern mich nicht anrufen. Deal?

Ich bin es längst gewohnt, dass meine Schüler während des Unterrichts mit Sachen werfen, bei Lieferando Pizza bestellen, Sprachnachrichten abhören oder das Klassenzimmer verlassen, um für den Klimaschutz zu demonstrieren. Da sollte es mir nichts ausmachen, wenn Sie beim Lesen mal in der Nase bohren. Sie müssen sich bei mir nicht dafür entschuldigen. Macht niemand.

Eigentlich bin ich es ja, der um Verzeihung bitten muss. Also bringen wir es hinter uns.

Im Namen aller Deutschlehrer: Es tut mir leid. Sorry für das Reclamheft in seiner uninspirierten Gelbhaftigkeit. Sorry für das »lyrische Ich«, wer auch immer das sein soll. Sorry für »zwischen den Zeilen lesen«. Sorry für die adverbiale Bestimmung und die »Glied«-Sätze. Sorry für »Wer kann das noch mal in eigenen Worten wiedergeben?«. Sorry für »Du hast dich heute noch gar nicht gemeldet«. Sorry für leere Versprechungen wie »Wir machen fünf Minuten früher Schluss« oder »Ihr kriegt dafür keine Hausaufgaben auf«.

Ich kann leider nicht ungeschehen machen, welche Traumata Wörter wie Inhaltsangabe, Erörterung und Gedichtinterpretation bei Ihnen ausgelöst haben mögen. Auch dafür: Entschuldigung! Ich sehe förmlich vor mir, wie Sie sich krümmen. Beinahe hätten wir Deutschlehrer der gesamten Bevölkerung die Freude an Sprache und Literatur ausgetrieben. Aber die Tatsache, dass Sie gerade dieses Buch in Händen halten, zeigt mir, dass wir auch dabei versagt haben. Trotz unseres pädagogischen Wirkens gibt es weiterhin Menschen, die gerne lesen.

Und das freut mich.

Kapitel 1 ✎

Korrekturensohn

Frage: Was wäre unsere Schule ohne Schüler?

Richtig: Ein karger, unbelebter Plattenbau, in dem orientierungslose Lehrkörper uninspiriert Kaffee trinken und rauchen.

Erst die Schüler bringen Leben in die Bude. Sobald der Gong morgens den Unterrichtsbeginn einläutet, schwillt der Lautstärkepegel an – und bis zum Nachmittag nicht mehr ab. Hunderte Kinderfüße rennen über den grauen PVC-Boden und beleben, einem Wüstenregen gleich, die toten Korridore. Am stärksten erblüht die ungetrübte Lebensfreude in den unteren Jahrgangsstufen.

Der quirligste Haufen an der HFG ist zweifelsohne die 6b. Schulintern nennen wir diese Klasse die Flummi-Truppe. Die erste Frage der Schüler, als ich bei ihnen nach den Sommerferien als neuer stellvertretender Klassenlehrer den Deutschunterricht übernommen habe:

Klasse: »Herr Schröder, wie alt sind Sie eigentlich?«

Herr Schröder: »Äh, 46.«

Klasse (kreischend im Chor): »Waaaas, ü30??? Soooo aaaaalt?!?!?!«

Da muss man als Pädagoge natürlich schnell reagieren. Sonst hat man autoritätstechnisch sofort verloren. Zum Glück bin ich mit subtiler Schlagfertigkeit gesegnet. Meine Antwort, dass Lehrerjahre wie Hundejahre seien und man daher das Alter eines Lehrers immer umrechnen müsse, ging leider im Geschrei unter.

Dann rief jemand aus der letzten Reihe: »Sie wollen doch bestimmt Ihren Namen an die Tafel schreiben! Wir haben das schon für Sie erledigt, Sie müssen nur noch die fehlenden Buchstaben einsetzen.«

Ich drehte mich um. An der Tafel stand:

Herr _ _ _ _ öde _

Daneben war ein stranguliertes Galgenmännchen gemalt. Es hatte eine Brille auf und einen Aktenkoffer in der Hand. Eine leichte Ähnlichkeit mit mir war nicht von der Hand zu weisen. Ich nahm die kreative Herausforderung an und vervollständigte das Lückenwort:

Herr A a l k öde r

Spontan witzig sein kann ich nämlich auch. Hätte ich allerdings geahnt, dass das von nun an mein Spitzname in der Flummi-Truppe sein würde, hätte ich mich vielleicht doch für eine andere Lösungsvariante entschieden.

Bereits eine Etage höher, in der Mittelstufe, ist die Atmosphäre hormonell bedingt etwas gedämpfter. In den Fluren herrscht kein ausgelassenes Getobe. Bevorzugt wird stattdessen eine subtropische, sauerstoffarme Klimatisierung sowie künstliche Verdunklung. Anders gesagt: Es riecht wie in einem Pumakäfig. Selbst im Winter möchte man in einer Tour lüften. Gefühlt läuft dazu im Hintergrund die ganze Zeit leise Smooth Jazz. Die Teenager lehnen an allem, was zur Verfügung steht, kauen Kaugummi und sind hauptsächlich damit beschäftigt so rüberzukommen, als wäre es ihnen egal, wie sie rüberkommen.

Wird man in der Flummi-Truppe täglich mit einem aufgeweckten »Gu-ten-Mor-gen-Herr-Aal-köd-er!« begrüßt, haben diese zenit-pubertären, storchenbeinigen Schwachstrom-Androiden an guten Tagen gerade mal ein müdes Kopfnicken fürs pädagogische Personal übrig. Sie signalisieren damit, dass sie einen zur Kenntnis genommen haben. Und dass die Vitalfunktionen noch vorhanden sind, aber bald auf Stand-by schalten werden.

Der interpassive Unterricht wird beherrscht von Einsilbigkeit und ausgesprochener Schweigsamkeit. Tafelbilder werden nicht mehr abgeschrieben, sondern abfotografiert, digital archiviert und dann nie wieder angesehen. Der Flur der Mittelstufe wird unter uns Kollegen nur der »Valiumtrakt« genannt. Gerne würde ich mal ein Kilo Kokain in die Belüftungsanlage mischen; allein meine Scheu vor Beschaffungskriminalität hält mich zurück.

Intellektuell unterschätzen sollte man die Mittelstufe trotzdem nicht. Als ich kürzlich in die 10a kam, stand an der Tafel: »Herr Schröder, Sie Korrekturensohn«. Leider war ich so überrascht, dass ich in meiner Verblüffung die Frage stellte, auf die kein Lehrer jemals eine ehrliche Antwort bekommen hat:

»Wer war das?«

Darauf haben meine hochbegabten Klassenzimmeramöben natürlich eisern geschwiegen. Blöd für den Urheber – ich hätte ihn nämlich direkt zur Deutsch-Olympiade angemeldet. Korrekturensohn, das ist doch genial! Ein Neologismus, eine verbale Klangfusion! Einfach geiler Scheiß, auf den man erst mal kommen muss. Mein Unterricht war also doch nicht umsonst.

Noch ein Stockwerk höher befindet sich die Oberstufe. Die meisten Schüler dort sind volljährig und dürften uns Lehrer eigentlich duzen. Sie verzichten aber weitestgehend darauf, um sich nicht mit dem Lehrervolk gemeinzumachen. Alle haben ihre Menschwerdung erfolgreich abgeschlossen und führen ihre destillierte, politisch korrekte Identität spazieren. Dass wir das dritte OG »die PC-Etage« nennen, hat nur am Rande damit zu tun, dass sich hier oben auch der Computerraum befindet.

Während der Pausen genießen die Oberstufenschüler diplomatische Immunität und dürfen als einzige im Gebäude bleiben. Was dann hinter verschlossenen Türen vor sich geht, bleibt Spekulation. Es kursieren unzählige, wahnwitzige Theorien unter uns Lehrern, was dieser konspirative Zirkel der PC-Etage in den Pausen und Freistunden alles bespricht, raucht und einwirft. Wo man in den unteren Klassen noch bettelnd auf die Knie fallen möchte, damit von den Schülern mal ein bisschen Eigeninitiative und Selbstständigkeit kommt, fühlt man sich hier fast schon überflüssig. Ich vermeide es, wenn möglich, die vorbereitungsintensiven Kurse in der Oberstufe zu unterrichten, aber manchmal reiße ich aus Spaß trotzdem eine der Türen im Oberstufentrakt auf.

Oberstufenschüler: »Herr Schröder, nicht stören, bitte. Wir wählen grad die Oberstufensprecher*innen.«

Sie werden ja so schnell erwachsen.

Kapitel 2 🖊

Deine Mudda beendet die Stunde – Unterricht in der 10a

Der Pausengong ruft zur vierten Stunde. Ein Dreiklang in abfallender Tonalität. In Moll. Beethovens Nullte. Hier wird die Ernüchterung musikalisch vorempfunden. Der Stundenplan verheißt mir eine Deutschstunde in meiner 10a.

Wenn ich sage *meine* 10a, dann schwingt darin eine Mischung aus Stolz und nostalgischer Wehmut mit. Denn in gerade mal zehn Wochen werden etliche der Schüler die HFG mit der Mittleren Reife verlassen. Bevor sich die Wege jedoch trennen, zelebrieren sie, quasi auf der Zielgeraden, ein erstarktes Gemeinschaftsgefühl. Themen wie die anstehende Studienfahrt, das Schulfest, die Abschlussfeier und die alles dominierende Frage »Wer wird Lehrer des Jahres?« werden seit Wochen diskutiert.

Neunundzwanzig pädagogische Mängelexemplare besuchen momentan die 10a – sofern sie es terminlich einrichten können. Dass einem die Truppe nach all den Jahren Klassenlehrerschaft ans Herz gewachsen ist, verwundert nicht, denn sie könnten unterschiedlicher kaum sein.

Unsere Klassensprecherin ist Anastasia. Sie ist die schulinterne Greta Thunberg und wird vom Cholerikum, pardon, vom Kollegium nur »Miss Scharfblick« genannt. Manchmal schaut sie mich so kritisch an, als wäre mir mein Berliner 3,0-Abitur auf die Stirn tätowiert. Jedes meiner Worte, und sei es nur ein freundliches »Guten Morgen«, kommentiert sie mit Augenrollen oder einem kaum wahrnehmbaren Kopfschütteln. Meistens ist sie aber höflich genug, ihre weltumspannende intellektuelle Überlegenheit vor ihren Mitmenschen zu verbergen.

Anastasias beste Freundin ist Lisa-Marie, ein spätes Pferdemädchen mit Reflektoren am Fjällräven-Rucksack. Ihr Federmäppchen gleicht in Ordnung und Struktur dem einer Erstklässlerin und orientiert sich grob an Goethes Farbenlehre. Die Buntstifte sind nach Spektralfarben sortiert, und ihr Pelikan-Füller wird artgerecht gehalten. Die zügellose Pubertät hat Lisa-Marie auf die wilde Araberstute ihres Collegeblocks projiziert. Auf sie ist immer Verlass: Sie erinnert mich am Ende der Stunde an das Erteilen der Hausaufgaben.

Das Rückgrat der Klasse ist Murat. Sein moralischer Kompass lässt sich durch nichts entmagnetisieren. Was er sagt, hat Hand und Fuß. Und Schnurrbart. Um seine Zukunft mache ich mir keine Sorgen.

Dann wäre da noch Justin. Bei einer 50:50 Chance vertut er sich dreimal, und Frankfurt/Oder hält er für eine rückversichernde Entscheidungsfrage. Bei Klassenarbeiten muss er sich trotzdem keine Sorgen machen, denn er sitzt neben Torben-Manuel, dem Zauberwürfelrekordhalter und Klassenbesten in allen Fächern, vor allem in Nerd-kunde.

Meine 10a: Ein bunter Haufen mit der anarchischen Kreativität eines Cirque du Soleil, aber ohne dessen Talent.

Ich schlendere den leeren Korridor entlang und lasse mir noch etwas Zeit. Denn so sehr ich die Meute auch mag, ich halte es wie viele meiner Kollegen und komme gern mal fünf, sechs Minuten zu spät zum Unterricht – einfach nur, um die Enttäuschung in den Gesichtern der Schüler zu sehen, wenn ich dann doch am Ende des Ganges auftauche.

Heute bin ich stolze sieben Minuten über der Zeit. Ich öffne die Tür und unterbreche das kollektive Dösen mit einem erfrischenden »Guten Morgen, liebe 10a!«. Wie in Zeitlupe, zögernd und widerwillig, lösen sich die sedierten Teenager von ihren Smartphones, als würden sie von lebenserhaltenden Geräten der Intensivmedizin getrennt. Zeit für eine altbewährte Motivationsspritze. Ich klatsche in die Hände.

Herr Schröder (schmeißt lässig seinen Schlüsselbund in die letzte Reihe): »Murat und Justin, holt doch bitte mal den Medienwagen.«

Lisa-Marie: »Mega! Gucken wir 'n Film?«

Murat und Justin spurten aus dem Klassenzimmer. Ich biete ihnen im Vorbeigehen ein High-Five an, das nicht erwidert wird. »Klassischer Fall von High-five-rischem Drüsenfieber«, rufe ich ihnen hinterher und lache. Wenig später rollt der wackelige Medienwagen durch den Mittelgang des Klassenzimmers. Siebenundzwanzig euphorisierte Augenpaare beobachten Murat und Justin beim Anschließen des leicht in die Jahre gekommenen VHS-Geräts.

Herr Schröder: »Heute besprechen wir ein klausurrelevantes Thema, das nicht nur für Klempner und Gas-Wasser-Installateure von unschätzbarem Wert ist: Dichtung.«

In großen, verschnörkelten Lettern schreibe ich das Wort an die Tafel.
Keine Reaktion der Klasse.

Justin: »Was gucken wir denn? Germany's next Topdichter?«

Herr Schröder: »Kommt ja gleich … aber vorher noch ein knalliges Beispiel aus der Rubrik verschnörkelter Wetterbericht:
Frühling lässt sein blaues Band / wieder flattern durch die Lüfte.
Mal ehrlich: Klingt doch besser als ›Endlich ist dieser verkackte Winter vorbei!‹, oder?«

Lisa-Marie kichert leise. Anastasia rollt mit den Augen.

Herr Schröder: »Apropos Wetter: Das wichtigste Tiefdruckgebiet in der Literaturgeschichte heißt Sturm und

Drang. Der Poet hat den ganzen Tag eine graue Regen-
wolke über dem Kopf und seinen Knirps in der Kutsche
liegen lassen. Deshalb gibt er sich seinem Weltschmerz
hin:

Über allen Gipfeln ist Ruh,
in allen Wipfeln spürest du
kaum einen Hauch
Die Vögelein schweigen im Walde
… eines Tages, Baby, ruhest du auch.«

Justin: »Langweilig!«

Murat: »Welchen Film gucken wir denn jetzt?«

**Torben-Manuel (der sich schon die ganze Zeit schnip-
send gemeldet hat):** »Herr Schröder, rein meteorolo-
gisch betrachtet ist dieses Gedicht ein schlechtes Beispiel für ein Tiefdruckgebiet.«

Herr Schröder: »Ja, ehm, Torben-Manuel, inhaltlich ist
das völlig korrekt, was du sagst, jedoch …«

Anastasia: »Streng genommen nicht mal Sturm und
Drang. Aber Sie sind der Lehrer.«

Herr Schröder: »Versucht doch mal in eigenen Worten
zu schildern, was uns das lyrische Ich hier mitteilen
möchte.«

Murat: »Bin im Wald, langweilig hier, nichts zu vögeln, bald sind wir tot.«

Alle lachen. Ich lehne mich ans Pult.

Herr Schröder: »Leute, ich bin mir völlig im Klaren darüber, dass man mit ›Wandrers Nachtlied‹ außer ein paar Hobby-Germanisten niemanden mehr hinter dem Ofen hervorlockt. Deswegen habe ich euch einen Film mitgebracht.«

Ich öffne meinen Aktenkoffer.
Die Klasse hält den Atem an.
Die Freude ist mit Händen greifbar.

Torben-Manuel: »Herr Schröder, stimmt es, dass Sturm und Drang keine Epoche im eigentlichen Sinne war, sondern eher eine literarische Strömung?«

Ich klappe den Aktenkoffer wieder zu.
Die Klasse schreit auf.

Justin: »Boa, Torben-Manuel, du Opfer!«

Er boxt ihn in die Seite.

Herr Schröder: »Nein, Justin, der Torben-Manuel hat da jetzt wirklich einen wichtigen Punkt angesprochen. Allerdings muss ich dazu etwas weiter ausholen ...«

Justin knallt seinen Kopf auf den Tisch.

Herr Schröder: »Wir schreiben das Jahr 1770. Der junge Goethe galoppierte über die zugefrorene Havel: *Wer reitet so spät durch Nacht und Wind ...*«

Anastasia holt ein Buch aus ihrer Tasche und fängt an zu schreiben.

Herr Schröder: »Na also, schaut mal, Anastasia dichtet! *Das* ist Sturm und Drang. Eine rebellische Jugendbewegung gegen die Obrigkeit. Das ist wie ... wie ... Fridays for Future! Das geht uns alle an!«

Die Schüler hauen mit den Handflächen rhythmisch auf die Tische und skandieren: »Film schauen! Film schauen! Film schauen!«

Herr Schröder: »Seid still, Anastasia wurde von der Muse geküsst.«

Justin: »Quatsch, Herr Schröder, die dichtet nicht, die schreibt wieder in ihr behindertes Tagebuch. Wahrscheinlich lästert sie voll ab über uns alle. Richtig NSA-mäßig. Hey Torben, kannst du dich nicht mal reinhacken? Diary-Leaks?«

Torben-Manuel (zögerlich): »Also, wenn man bedenkt, was mit Julian Assange passiert ist ...«

Justin: »Wer?«

Herr Schröder: »Leute, was Anastasia in ihr Tagebuch schreibt, geht uns gar nichts an. Sturm und Drang, *das* geht uns etwas an! Die Infragestellung der politischen Herrscher. Die Entmachtung der Götter. So wie in Goethes ›Prometheus‹! Den zu lesen war ja auch Hausaufgabe …«

Anastasia klappt ihr Tagebuch zu und schaut aus dem Fenster.

Murat: »›Prometheus‹? Ist das der Film, den wir heute gucken? Wir gucken doch noch 'n Film, oder?«

Torben-Manuel: »*Bedecke deinen Himmel, Zeus.*«

Justin: »Fick deine Mutter.«

Herr Schröder: »Sehr gut, Torben-Manuel. Der jugendliche Rebell kämpft gegen den allmächtigen Erschaffer und Zerstörer: *Ich kenne nichts Ärmeres / unter der Sonn' als euch Götter!*«

Justin: »Sie haben gar keinen Film dabei, oder?«

Die Klasse blickt mich lauernd an.

Herr Schröder: »Ähm …«

Anastasia: »Ich kenne nichts Ärmeres unter der Sonn' als Sie, Herr Schröder.«

Justin: »Können wir dann wenigstens das Testbild gucken? Ist immer noch spannender als Ihr Unterricht.«

Der Gong erlöst mich. Die Schüler packen ihre Sachen zusammen und stehen auf.

Herr Schröder: »Der Lehrer beendet die Stunde!«

Justin: »Deine Mudda beendet die Stunde.«

Lisa-Marie: »Gibt's Hausaufgaben?«

Herr Schröder: »Ja, also als Hausaufgabe, als freiwillige Hausaufgabe, schaut ihr euch bitte mal die Seiten 27 bis 29 im Deutschbuch unverbindlich an und überlegt ...«

Meine Worte gehen im allgemeinen Getöse unter. Die Schüler strömen hinaus in die Pause. Binnen weniger Sekunden ist das Klassenzimmer menschenleer.

Ich setze mich und lasse meinen Blick schweifen. Bananenschalen, zerknüllte Arbeitsblätter, leere Coffee-to-go-Becher, ein halbes Dutzend Turnbeutel und natürlich der obligatorische angebissene Apfel. Ich schaue zurück auf mein Tafelbild. Über das Wort »Dichtung« ist es nicht hinausgegangen. Hat wahrscheinlich nur Anastasia bemerkt. Einmal habe ich mitbekommen, wie sie nach der Stunde einen Schreibfehler, den ich im Tafelbild gemacht hatte, korrigiert hat. Aber heute war Anastasia ganz in ihr Tagebuch vertieft.

Einerseits würde mich ja schon interessieren, was sie da so reinschreibt.

Aber das ist natürlich tabu.

Ich wische die Tafel.

Andererseits bin ich so etwas wie der Vertrauenslehrer der Klasse. Ich muss wissen, was in den mir anvertrauten Kindern vorgeht.

Und außerdem – hat sie das Tagebuch auf dem Tisch liegen gelassen.

Ich lege den Schwamm weg und trockne meine Hände. Von draußen dringt der Pausenlärm in den zweiten Stock. Ich schließe die Tür und gehe langsam zu Anastasias Platz. Nehme das Tagebuch in die Hand. Ein senfgelbes, in Kunstleder gebundenes Buch mit dem Schriftzug »#blogyourlife« und daneben ein »Glyphosat? Nein danke!«-Aufkleber.

Ich zögere.

Was würde ein verantwortungsvoller Pädagoge tun?

Montag vierte Stunde. Deutsch.

Herr Schröder, wieder maximal unvorbereitet, bringt den billigsten aller Tricks und gaukelt uns vor, dass wir gleich einen Film schauen. Lehrerhandbuch Seite 1. Die Klasse hat die Hoffnung noch nicht aufgegeben. Bisher ist der Bildschirm schwarz. Ein Stummfilm ohne Bild. Oje, jetzt meint er auch noch, ich würde hier dichten. Der ist doch nicht mehr ganz dicht. In seinem viel zu engen Cord-Jackett sieht er aus wie ein Räuchermännchen aus dem Erzgebirge. Und seit drei Wochen dasselbe Hemd. Sind das Schweißflecken oder ist das Batik? Er hat es sich seit Neuestem zur fragwürdigen Angewohnheit gemacht, die männlichen Schüler mit einem High-Five zu begrüßen. Die anstehende Wahl zum Lehrer des Jahres hat wohl auch das letzte Quäntchen Schamgefühl in ihm neutralisiert. Ohnehin ist das eine einzige Quatschveranstaltung; ich enthalte mich seit Jahren. Wenn Wahlen etwas verändern würden, wären sie verboten.

Ich klappe das Buch zu und gehe ans Fenster. Auf dem Schulhof herrscht ausgelassene Stimmung. Die Flummi-Truppe spielt Gummi-Twist. Etwas abseits stehen Murat und Justin gemeinsam mit den Jungs aus der Oberstufe und begutachten Justins neues Smartphone. Torben-Manuel sitzt neben der Tischtennisplatte auf dem Boden und schraubt an seinem Nintendo rum. Links davon laufen Anastasia und Lisa-Marie auf und ab und üben Vokabeln.

Der Gong beendet die Mittagspause. Ich halte immer noch Anastasias Tagebuch in den Händen. Ich gehe zum Pult.

Koffer auf, Koffer zu.

Dann trete ich hinaus auf den Korridor und laufe die Treppe hinunter.

Kapitel 3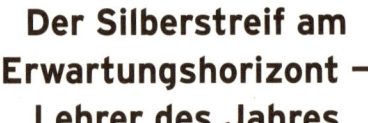

Der Silberstreif am Erwartungshorizont – Lehrer des Jahres

Einmal im Jahr wählen unsere Schülerinnen und Schüler ihre Lehrerin oder ihren Lehrer des Jahres. Ein Fest der Demokratie! Die HFG blickt auf eine ruhmreiche Ahnenreihe didaktischer Lichtgestalten zurück. Ihre gerahmten Konterfeis hängen im Treppenhaus, ihre pädagogischen Glaubenssätze dienen unseren Jahrbüchern als Motto. Sie sind moralische Leuchttürme für Generationen von Schülern.

Auf vielfachen, wenn auch nur nonverbal geäußerten Wunsch unseres Hausmeisters, des Schulbusfahrers sowie des Raumpflege- und Cafeteria-Personals, und trotz des ausdrücklichen, wenn auch nur höflich formulierten Abratens fast aller Kollegen, verschiedener Elterninitiativen und der Schulleitung habe auch ich mich in diesem Schuljahr entschieden, endlich Teil der großen Tradition zu werden:

Ich kandidiere zum Lehrer des Jahres.

Die Zeit ist gekommen, hinauszutreten aus dem Halbschatten der Alltagsroutine, hinein in die sonnendurchfluteten Paläste der Entscheider und Weichensteller. Emporzusteigen aus dem pädagogischen Kriechkeller über die Wendeltreppe in den Dachstuhl der Bildungselite. Ja, #ichwillmehr. Ich stelle mich mit meinen Zielen und Visionen dem Urteil der Jugend. Dabei ist eins gewiss: Ich werde mich vom allgemeinen Politiker-Blabla lösen. Von mir bekommen die Schüler mehr als leere Worthülsen und hohle Phrasen: Bei mir hat Priorität Vorrang.

Im Vergleich zum Rest des Cholerikums bin ich als Deutschlehrer für den anstehenden Wahlkampf natürlich absolut überqualifiziert. Nicht umsonst war mein Spitzname in der Hochschuldebattiergruppe »Eloquentin Tarantino«. Aber aus Fairness werde ich mich, wie die beiden anderen Kandidaten – Sportlehrer Theodor Eisenmann alias Trillerpfeifen-Theo und Biologielehrerin Ursula Fink alias Kuschel-Ursel –, mit einer Ansprache vor der Schülervollversammlung meinen jungen Wählerinnen und Wählern vorstellen. So viel Respekt vor der Konkurrenz muss sein.

Ich bin schon deshalb der perfekte Kandidat, weil ich einen direkten Draht zu den Kids habe. Die wissen einfach, dass ich auch ohne umgedrehtes Basecap checke, was bei ihnen abgeht. Letzte Woche erst haben wir im Unterricht der Flummi-Truppe einen Harlem Shake gemacht. Einfach so. Ich bin halt jung geblieben. Ich weiß, dass Frühstücks-Bowl keine Sportveranstaltung ist. Das schätzen die Schüler an mir. Ab und an komme ich auf richtig verrückte Ideen. Dann tippe ich einem der Kids rechts auf die Schulter und stehe plötzlich links hinter ihm. Total crazy.

Aber ich kann auch klare Kante zeigen. Smartphones beispielsweise sind im Unterricht tabu, werden eingesammelt und landen im Schulaquarium. Es ist meine Überzeugung, dass das wahre Leben nicht auf deinem Touchscreen stattfindet. Der echte Spaß läuft offline. Es gibt kein Bier auf Huawei. (Hab ich schon erwähnt, wie sehr die Schüler meinen Wortwitz schätzen?)

Die Kandidaten stellen bei der Schülervollversammlung in vier Wochen ihre Visionen vor. In jeder freien Minute arbeite ich an meinem Redemanuskript. Während ich die Worte vor mich hin spreche, laufe ich auf und ab und trainiere meine Spontaneität. Timing ist alles. Die Pause nach dem ersten, kraftvollen Satz darf weder zu lang noch zu kurz sein. Manchmal begebe ich mich nach Schulschluss in die leere Pausenhalle und übe. Dabei stelle ich mir im Geiste die Reaktion der Schüler vor, wenn meine letzten Worte verklungen sind.

Erst herrscht komplette, fassungslose Stille.

Ein Innehalten, ein Moment der Ewigkeit.

Dann beginnt Anastasia langsam rhythmisch zu klatschen. Die anderen Schüler steigen nach und nach ein.

Und während im brandenden Beifall ekstatische Sprechchöre meinen Namen in den Saal brüllen, schauen die Kollegen wie versteinert auf die Schüler, die es nicht mehr auf ihren Stühlen hält. Die Entscheidung ist gefallen, lange bevor die Wahlzettel abgegeben und ausgezählt sind: Der Lehrer des Jahres ist …

Der Gong reißt mich aus meinen Tagträumen.

Kapitel 4 ✎

Neun von zehn Kindern finden Mobbing gut – die Flummi-Truppe

Sechste Stunde, 6b, Deutsch. Auf dem Programm steht heute aber mal nicht der übliche Lernstoff. Sondern die sozialen Belange innerhalb der Klassengemeinschaft. Als stellvertretender Klassenlehrer bin ich schließlich mitverantwortlich für das Klassenklima.

Überlegt habe ich mir das beim Übertreten der Schwelle zum Klassenzimmer. Wir geübten Pädagogen nennen das: Schwellendidaktik.

Für die Eröffnung der Stunde greife ich tief in die methodische Trickkiste und wähle den sogenannten »stummen Impuls«. Einfach mal ein Reizwort an die Tafel schreiben, bedeutungsvoll in die ratlosen Gesichter blicken und wirken lassen.

Ich wische die Aufzeichnungen der letzten Stunde sowie diverse Phallussymbole weg und schreibe:

»MOBBING«

Dann nehme ich seelenruhig Platz hinter meinem Pult, verschränke die Arme und beobachte die Reaktionen der

Kinder. Manchmal muss man die Zeit für sich arbeiten lassen. Vor allem, wenn es eine Doppelstunde zu füllen gilt.

Theoretisch, nach Meinung diverser Fachbücher, sollte auf den stummen Impuls des Lehrers erst neugieriges Gemurmel und dann eine gebündelte Konzentriertheit seitens der Kinder folgen.

Nicht so in der Flummi-Truppe.

Sie interpretieren den Tafelanschrieb als direkten Arbeitsauftrag.

Intuitiv bilden sie Viergruppen und beginnen mit der sofortigen Umsetzung. Während die einen mit Schwitzkästen, Pferdeküssen und Nackenklatschern arbeiten, greifen die anderen auf die bewährten Mittel der psychologischen Kriegsführung zurück: Verspotten, Ausgrenzen, Beschimpfen. Die parallel stattfindende Materialschlacht ist ebenfalls beeindruckend. Binnen Sekunden fliegen Rucksäcke, Arbeitsbögen und Butterbrotreste durch das Klassenzimmer. Begleitet von lauten Schlachtrufen und dem *latest shit* von der Beleidigungsbörse.

Plötzlich rennen ein paar Jungs aufeinander zu und verkeilen sich. Ein buntes, achtarmiges Menschenknäuel, das taumelnd um die Tische rotiert, bis schließlich alle umfallen und die riesige regenbogenfarbene Wandkollage »Klassenregeln der 6b – so gehen wir rücksichtsvoll miteinander um« mit zu Boden reißen. Ganz unten, quasi als komfortabler Sitzsack der Marke Fatboy, liegt Max Wolpertinger. Sein Kopf so rot wie eine Feuerwanze. Sitzsack Max ist um einiges größer als alle anderen, denn er ist schon zweimal sitzen geblieben. Ob aus Lethargie oder

Unvermögen ist unklar. Aus den verschiedenen Ecken des Klassenzimmers filmen die Mädchen das Szenario für Instagram. Saskia, die wortgewandte Anführerin der Mädelstruppe, ruft »Hashtag Schweinehaufen!«.

Ein seltenes Bild der Einheit. Ich bin fast gerührt.

Nur der kleine Marvin Seidelmeyer steht alleine in der Ecke und nuckelt an seinem Trinkpäckchen. Dabei sieht er aus wie ein zweiäugiger Minion. Niemand beachtet ihn. Er wird so wenig gemobbt und diskriminiert, dass er sich ganz ausgeschlossen vorkommt. Um ihn wieder zu integrieren, rappelt Max sich auf und nimmt ihm seinen Rucksack weg.

Nun ist es langsam an der Zeit, dem Zauber ein Ende zu machen.

Herr Schröder: »So, Leute, nehmt mal wieder Platz. Thema Mobbing: Was fällt euch ein? Wir gehen jetzt *in medias res*!«

Max: »Geil, in die Mediathek?«

Herr Schröder: »Immer wieder kommt mir zu Ohren, dass auch hier in der Klasse Mobbing stattfindet. So kleine Raufereien wie gerade eben meine ich nicht, sondern ...«

Marvin meldet sich.

Herr Schröder: »Marvin, jetzt warte bitte mal.«

Marvin nimmt den Arm wieder runter.

Herr Schröder: »Ich meine so schlimme Dinge wie Cybermobbing. Oder auch Fatshaming. Leute, das hat in dieser Klasse keinen Platz! Ebenso wenig wie der dicke Max in seiner viel zu engen Hose.«

Marvin meldet sich wieder.

Herr Schröder: »Sorry, Marvin, aber Max hat zuerst aufgezeigt. Ja, Max?«

Max: »Darf ich auf Klo?«

Herr Schröder: »Okay, Max, aber nicht noch am Kiosk haltmachen und Schokoriegel kaufen.«

Max (seufzend): »Ach egal, so dringend ist es nicht.«

Herr Schröder: »Leute, jetzt sagt doch mal. Wo erlebt ihr denn Mobbing?«

Marvin meldet sich.

Max (ruft rein): »Herr Peters gibt viel zu strenge Noten in Mathe! Und keiner kommt mit im Unterricht!«

Ich neige empathisch den Kopf. Kollege Axel Peters, alias Zeit-Axel (er liebt Koordinatensysteme!), ist nicht mein engster Freund. Außerdem unterstützt er öffentlich den Wahlkampf von Kuschel-Ursel.

Max: »Das sind doch alles Sachen, die wir später gar nicht brauchen!«

Herr Schröder (nickt verständnisvoll): »Ich versteh' euch gut. Mathe war auch nie mein Ding. Ich habe eine regelrechte Cosinus-Allergie.«

Stille.

Herr Schröder: »Unter uns: Mathe ist ein Arschloch. Aber wenn ihr euch auf euren Hosenboden ... Ihr habt das Zeug dazu! Jeder Einzelne von euch. Das muss der Herr Peters euch doch vermitteln. Schließlich ist er euer Klassenlehrer! Wem geht es hier wie dem Max? Hand hoch!«

Niemand meldet sich. Dann hebt Saskia den Arm. Saskia ist die Anastasia der 6b. Hochbegabt, lernbegierig und altklug 2.0.

Herr Schröder: »Saskia, du? Das hätte ich jetzt nicht gedacht.«

Saskia: »Nein, Herr Schröder, ich muss da mal den Herrn Peters in Schutz nehmen. Seine Notengebung ist fair und transparent und sein Unterricht abwechslungsreich und anregend. Für mich wäre er sogar ein Anwärter auf den Lehrer des Jahres, wenn er kandidieren würde. Ich hoffe, er entschließt sich im nächsten Jahr ...«

Herr Schröder (unterbricht sie): »Okay, vielen Dank, so viel zur Meinung des Feuilletons.«

Max: »Na klar, dass die das alles rafft. Die ist ja auch voll gut in Mathe. Und der Peters bevorzugt die Mädchen sowieso total.«

Herr Schröder: »Herr Peters ist halt ein Kollege älteren Semesters. Der hat dem Pythagoras noch das Geodreieck gehalten.«

Stille.

Herr Schröder: »Aber das gibt ihm noch lange nicht das Recht, euch zu mobben.«

Saskia (rufend): »Macht er doch gar nicht!«

Herr Schröder: »Nee, Leute! Bei Mobbing hört es bei mir auf!«

Ich haue mit der flachen Hand hart auf den Tisch. Marvin verschluckt sich an seinem Trinkpäckchen und spuckt seinen Orangennektar auf den Tisch. Ich schaue ihn streng an: »Ist ja eklig, wisch das mal weg.«

Saskia (lauter werdend): »Herr Schröder, Sie haben uns da missverstanden! Der Herr Peters ...«

Herr Schröder (entschieden den Kopf schüttelnd): »Es ist wirklich ehrenhaft, dass ihr ihn schützen wollt, aber ich kann auch zwischen den Zeilen lesen.«

Mit leisem, sensiblem Timbre setze ich nach: »Hashtag MeToo.«
Die Klasse guckt ratlos.

Herr Schröder: »Kinder, ich werd' mit Herrn Peters reden, versprochen! Ich häng' mich für euch in die Seile. So wahr ich euer stellvertretender Klassenlehrer bin!«

Marvin meldet sich.

Herr Schröder: »Was ist denn jetzt schon wieder?«

Marvin: »Herr Schröder, der Max hat meinen Rucksack aus dem Fenster geworfen.«

Herr Schröder: »Klärt das bitte unter euch, die Stunde ist vorbei.«

Kapitel 5

Das Cholerikum –
Feldstudie im Lamentierreich

Frage: Was wäre die Schule ohne Lehrer?

Richtig: ein karger, unbelebter Plattenbau, in dem orientierungslose Schüler uninspiriert Schokomilch trinken und rauchen. Erst die Lehrerinnen und Lehrer bringen Leben in die Bude. Dutzende Birkenstocks schlurfen über den grauen PVC-Boden und fegen, einem Wüstensturm gleich, durch die Korridore. Der quirligste Haufen versammelt sich üblicherweise im Lehrerzimmer um die Kaffeemaschine. Hier finden wir Herrn Eisenmann, Frau Fink, Herrn Peters und viele andere. Aber mit diesen Namen spricht sie allenfalls der DHL-Bote an. Denn selbstverständlich haben alle Lehrer Spitznamen. Einschließlich Schulleiter.

Wie an den meisten Schulen herrscht nämlich auch an der HFG akuter Personalmangel. Vor allem den undankbaren Job des Schulleiters will niemand mehr machen. Wir haben schon seit zwei Jahren lediglich einen stellvertretenden Schulleiter; ein neuer, dauerhafter ist nicht in Sicht. Weil Herr Plömsgens die Schulbelange offiziell aber weiterhin nur *kommissarisch* regelt, wird er von allen »Kommissar Plömsgens« genannt.

Hier das weitere Spitzenpersonal im tabellarischen Überblick:

»Trillerpfeifen-Theo«	
Name und Alter	Theodor Eisenmann (33)
Fächer / Aufgaben	Erdkunde und Sport (Grilldienst bei Schulfesten)
Lebensmotto	Lebe jeden Tag so, als wärst du das Letzte.
Hobbys	Lasertag, Darts, Malle-fitz
Garderobe	Slimfit
Lieblings-Band	Absperrband

»Kuschel-Ursel«	
Name und Alter	Ursula Fink (58)
Fächer / Aufgaben	Biologie, Hauswirtschaftslehre / Werken (non-verbale Streitschlichtung, Pflege der Korridorpflanzen)
Lebensmotto	Das Glück dieser Erde liegt auf dem Pferderücken.
Hobbys	Backen (nur Niedergarmethode), grüner Daumen

Garderobe	Papageien-Look, Schönes aus Filz
Letzter Urlaub	Mit dem Rhönrad durch die Anden

»Zeit-Axel«	
Name und Alter	Axel Peters (Wurzel aus 2304)
Fächer / Aufgaben	Mathematik, Physik (Medienwart Obergeschoss)
Lebensmotto	Was in der Physik das Spektrum, ist beim Essen der Speck drum.
Hobby	Modelleisenbahn (linksdrehend), Schwarze Löcher (dito)
Garderobe	Welke Herbstfarben, Übergangsjacke, Multifunktionsweste
Lieblingsfilm	Calvin allein zu Haus

»Der Korrekturensohn«	
Name und Alter	Herr Schröder (46)
Fächer / Aufgaben	Deutsch, Englisch (Spitzenkandidat Lehrer des Jahres)
Lebensmotto	Wer, wenn nicht ich?
Hobbys	Ährenämter (Hefeweizen)
Garderobe	Cordjacketts: 50 Shades of Brown
Lieblingsbuch	Das fliegende Klassenzimmer

Donnerstag, 11.45 Uhr: Wie jeden Tag hat sich auch heute eine Schülertraube vor der Tür zum Lehrerzimmer formiert. Die Stimmung der Wartenden ist angespannt. Nur fünfzehn Minuten Zeit für das Abtragen eines bürokratischen Mount Everest und als Ausrüstung nichts als die bloßen Hände. Papierkrieg.

Unterschriftsgefälschte Rücklaufzettel, nachgereichte Hausaufgabenplagiate, Krankschreibungen von Dr. Holiday, fragmentarische Referatsentwürfe und Kronzeugenberichte diverser Schulhofdelikte geben sich ein hektisches Stelldichein.

Ich umklammere meinen Aktenkoffer und bahne mir schnellstmöglich den Weg.

Aus den Augenwinkeln sehe ich den kleinen Marvin Seidelmeyer. Er will bestimmt wieder eine Fleißbiene von mir in sein Deutschheft geklebt bekommen. Von Elternseite wurde ihm für 100 Bienchen vermutlich ein neuer Taschenrechner in Aussicht gestellt.

Vor ihm steht Klassenkamerad Max Wolpertinger. Ausgestattet mit drei Frikadellenbrötchen und einem Kitkat Chunky White hat er sich wie immer geschickt vorgedrängelt. Selbst die Mittelstufenschüler weichen respektvoll zurück, wenn er angestampft kommt. Vor dem Elternsprechtag möchte er vermutlich noch mal die Sache mit dem Klassenbucheintrag von letzter Woche mit mir besprechen, den er für völlig überzogen hält. Stoisch starrt er auf die Lehrerzimmertür, während sein Schatten auf den kleinen Marvin fällt, der wie angewurzelt hinter ihm steht und die Luft anhält.

Ich ignoriere beide. Bloß schnell rein ins LZ und Tür zu.

»LZ« steht übrigens nicht für Lehrerzimmer, sondern für »Lazarett der pädagogischen Heimatfront«. Draußen tobt der Krieg, aber hier drinnen sind wir sicher. Durchatmen. Hier dürfen wir regredieren. Wieder Kind sein. Die tonnenschwere Verantwortung der Sorgepflicht wird an der Türschwelle erschöpft abgeworfen wie ein Wanderrucksack nach einem Gewaltmarsch. In Embryonalstellung und mit dem Daumen im Mund stillen wir unsere Grundbedürfnisse.

Aber jedes Klopfen an der Tür lässt uns zusammenzucken: Vietnam-Flashbacks.

In der Kaffeeecke des Lehrerzimmers ist es heute ausnahmsweise ruhig und leer. Zwischen ungespültem Geschirr, Pilzkulturen auf Bio-Joghurt und angeschlagenen Motto-Tassen klappe ich einen Spaltbreit meinen Koffer auf und taste vorsichtig hinein.

Donnerstag

Heute musste ich mal wieder ins Lehrerzimmer. Mega creepy. Das Klima dort ist jedes Mal dasselbe. In der Luft hängt Kaffeefiltermuff; dazu riecht es wie bei Oma im Keller. Die Stimmung ist so wie dieser Moment auf der Party, wo das Putzlicht angemacht wird und alle rausgekehrt werden sollen. Aber hier dauert dieser Moment vermutlich schon Jahrzehnte. Und niemand geht jemals nach Hause. Irgendwie seltsam, die Leh-

rer in ihrem eigenen Habitat zu sehen. Wie anders die sich plötzlich bewegen. Herr Peters hatte gerade, als ich reinkam, entweder einen tödlichen Husten- oder einen rasselnden Lachanfall. Jedenfalls hat er sich gekrümmt wie eine nach unten geöffnete Parabel. (OMG, jetzt mach ich schon Witze auf Schröder-Niveau.)

Wie gerne würde ich mal einen Blick in die Unterlagen der Lehrer werfen! Was die sich wohl alles notieren über uns? Und wie sie über uns reden? Wahrscheinlich schließen sie Wetten ab, wer es in seinem späteren Leben zu »etwas bringt« und wer von uns als Karussellbremser im Freizeitpark endet. Ich fürchte allerdings, ihre privaten Gedankengänge sind genauso beschränkt und uninspiriert wie ihr Unterricht ...

Jemand haut mir mit Schwung auf die Schulter. Trillerpfeifen-Theo. Der hat mir gerade noch gefehlt. In dem Moment stoßen auch Kuschel-Ursel und Zeit-Axel zu unserem unfreiwilligen Meeting hinzu.

Trillerpfeifen-Theo: »Hey Schrödi, ich hab heute Nachmittag Sport in deiner 10a. Ich dachte, ich spiel' zum Aufwärmen mit denen mal politisch korrektes Völkerball. Wie findest du die Idee?«

Kuschel-Ursel: »Kenn ich gar nicht, wie geht denn das?«

Trillerpfeifen-Theo: »Es gibt keine Nationalitäten. Keine Diskriminierung, keine Vorurteile. Alle sind gleich. Und nur wer vom Ball getroffen wird, ist raus.«

Kuschel-Ursel: »Also wie normales Völkerball?«

Trillerpfeifen-Theo: »Jupp.«

Zeit-Axel: »Habt ihr schon gehört? Da soll ein Rucksack aus einem Fenster im ersten Stock geflogen sein. Fast hätte Kommissar Plömsgens ihn auf den Kopf gekriegt.«

Herr Schröder: »Unfassbar! Manche haben wirklich ihre Klasse nicht im Griff.«

Kuschel-Ursel: »Ich arbeite ja nur noch mit Klangschale. Ein Gong, und Stille. Kann ich euch allen wärmstens empfehlen.«

Herr Schröder: »Weiß man denn, aus welcher Klasse der Rucksack geschmissen wurde?«

Kuschel-Ursel: »Leider nein.«

Zeit-Axel: »Leute, ich seh' grad, die Kaffeekasse ist schon wieder leer. Die Solidargemeinschaft funktioniert noch nicht mal im Mikrokosmos. Armes Deutschland. Und da wundern wir uns ...«

Trillerpfeifen-Theo: »Ich habe gestern erst einen Fünfer reingeschmissen.«

Kuschel-Ursel: »Seit der Diagnose trink ich nur noch grünen Tee.«

Zeit-Axel: »... wenn auf der Bühne der Weltpolitik auch nur noch Mord und Totschlag ...«

Der Gong erinnert uns an das Ende der Pause. Die Kollegen packen ihre Stapel zusammen, schultern die abgegriffenen Ledertaschen und verlassen langsam das Lehrerzimmer. Perfekter Moment, um mit Zeit-Axel noch unter vier Augen zu sprechen.

Herr Schröder: »Axel, hast du kurz 'ne Minute?«

Zeit-Axel: »Eigentlich nicht, ich muss in die Unterstufe. 6b. Die kannst du nicht fünf Minuten unbeaufsichtigt lassen.«

Herr Schröder: »Ja, und genau um die geht's auch. Hör mal. Wir sind ja Kollegen. Und Freunde.«

Zeit-Axel: »Na ja, Freunde ...«

Herr Schröder: »Eben. Und ein Vögelchen hat mir gezwitschert, dass es da so eine gewisse Klasse gibt, ich halte das mal anonym ...«

Zeit-Axel: »Die 6b? Hast du das nicht grad schon gesagt…«

Herr Schröder: »Ist ja jetzt auch erst mal egal, aber … böse Zungen behaupten, dass der oder die eine oder andere sich in deinem Matheunterricht vielleicht manchmal ein Stück weit als zurückgestellt empfinden könnte. Nur so ein Eigengefühl von einzelnen Schülern. Ich will's auch nur angesprochen haben. Also, Axel. Ist da was dran?«

Zeit-Axel: »Blödsinn.«

Herr Schröder: »Okay, alles klar. Supi. Aber könntest du dich vielleicht bei Max Wolpertinger oder irgendwem anders aus der 6b entschuldigen, die fühlen sich so 'n bisschen…«

Zeit-Axel: »Auf gar keinen Fall. Wofür denn?«

Herr Schröder: »Okay, alles klar. Kein Problem. Könntest du der Klasse dann wenigstens sagen, dass ich es angesprochen habe, also, dass ich dir – dramatisch gesprochen – die Leviten gelesen habe?«

Zeit-Axel: »Nein. Sicher nicht.«

Er dreht sich um und geht grußlos weg.

Herr Schröder (ruft ihm nach): »Ich fand's aber jetzt trotzdem gut, dass wir mal unverbindlich drüber gequatscht haben.«

Tja, solche Situationen sind halt auch Teil des Jobs. Darf man sich nicht zu schade für sein. Manchmal muss man als engagierter Pädagoge für die Kids Staub fressen. Vor allem so kurz vor der Wahl zum Lehrer des Jahres.

Kapitel 6

Der Sportlehrer – die bildungsferne Spaßgurke aus der Turnhalle

Auf dem Weg zum Klassenzimmer schaue ich wie immer bei meinem Wahlplakat vorbei, das im Flur zum Lehrerzimmer neben den anderen hängt. Ich habe mich bewusst für eine klassische Bildsprache entschieden: ein großformatiges Porträtfoto. Für den Fototermin hatte ich mich akkurat zurechtgemacht. Wer weiß, was daraus wird? Hätte Che Guevara damals schon geahnt, dass sein Konterfei mal auf Abermillionen T-Shirts, Plakaten und Aschenbechern abgebildet sein würde, hätte er sich bestimmt auch vorher die Haare schneiden lassen.

Bei den Schülern kommt ein ordentliches Erscheinungsbild auch besser an. Keine Ahnung, wer mir das Hitlerbärtchen ins Gesicht gemalt hat, aber wer Großes vorhat, muss mit Gegenwind umgehen können. Bei meinem Wahlslogan habe ich mich selbstverständlich an einem großen deutschen Reformator orientiert: *Hier stehe ich – ich kann auch anders!*

Kuschel-Ursel ist aus meiner Sicht mit ihren ungelenken Wahlkampfversuchen ästhetisch komplett gescheitert. Das Foto zeigt sie, umringt von Oberstufenschülern, bei der Pflege des Urban-Gardening-Projekts, das sie mit ihrem Bio-Leistungskurs ins Leben gerufen hatte.

Darunter steht:

Ursula Fink – gebt mir eure grünen Daumen #aloe_lehrer_IN

Das Motto hat sie eigenhändig mit Filzstift – jeder Buchstabe eine andere Farbe – aufs graue Umweltpapier gemalt. Mir soll's recht sein. Schwache Konkurrenz belebt das Geschäft. Dass Kuschel-Ursels Flyer alle schon weg sind und meine noch immer unangetastet vorm Lehrerzimmer liegen, hat gar nichts zu bedeuten. Meine Politik funktioniert über Inhalte, nicht über oberflächliche PR-Materialien. Natürlich wünsche ich der Kollegin nur das Beste. Auch nach ihrer Niederlage.

Dass Trillerpfeifen-Theo allerdings die Dreistigkeit besitzt, seinen Hut in den Ring zu werfen, finde ich unverfroren. Er hat erst in diesem Schuljahr an der HFG angefangen. Seitdem ist er hauptsächlich damit beschäftigt, regelmäßig sein Postfach zu leeren, den Kaffeeautomaten zu bedienen und mit den weiblichen Lehrkräften u30 zu flirten. Er ist jung, motiviert, gutaussehend. Und, jetzt kommt's, angeblich beliebt im Kollegium *und* bei den Schülern.

Kurz gesagt: ein Riesenarschloch.

Ich nenne ihn heimlich »geistigen Kleingärtner mit Lehrerlaubnis«. Trillerpfeifen-Theos Zweitfach ist nämlich Stadt, Land, Fluss. Also Erdkunde. Er unterrichtet das bei vollen Bezügen der Besoldungsgruppe A13 und möchte darüber hinaus auch noch ernst genommen werden. Aber Sportlehrer sind nun mal die menschgewordenen Thermomixe unter den Lehrern: beliebt bei Frauen, geringe handwerkliche Anforderungen und intellektuelles Sanftgaren. Ich habe gar nichts gegen Sportlehrer. Aber warum bitte schön nennen die uns Deutschlehrer *arrogant?!* Wie wollen die das beurteilen? Wir reden doch seit Jahrzehnten nicht mehr mit denen.

Theo ist noch kein halbes Jahr an der Schule, aber er rechnet sich bereits reale Chancen aus, Lehrer des Jahres zu werden. Die Wörter Demut oder Selbstzweifel sind in seinem Wortschatz vermutlich nicht mal gelistet.

Sein Wahlmotto lautet: *Theo? Logisch!*

Auf seinem Plakat sieht man ihn mit einem Pokal in der Hand auf einem Siegertreppchen stehen. Im Hintergrund ein azurblauer Pool vor schneebedeckten Bergen. Photoshop lässt grüßen. Er könnte mir aber möglicherweise wirklich gefährlich werden. Denn seine Kernkompetenz ist *social media.* Sogar in seinen Fitnessvlogs auf YouTube macht er ordentlich Promo. Er empfiehlt mir auch immer ungefragt, dass ich mich auf Instagram anmelden soll. »Schrödi, ohne Scheiß, mach da mal was. Die Kids sind da alle unterwegs.«

Letztens fragt er mich im Kopierzimmer, ob ich mit seiner »Kandidierung« ein Problem habe. Ich erwidere, dass es mir besser gefiele, wenn er »kandiert« wäre. Und dass er sich mit der Teilnehmerurkunde gerne seine Hüpfburg tapezieren könne.

Danach muss ich ihm Hilfestellung am Kopierer leisten.

Der ist wie immer kaputt. Kopiergeräte werden defekt und mit Papierstau an die Schulen ausgeliefert. Auch an diesem Tag blinkt die rote Lampe hektisch, und alle Papierfächer stehen offen. Irgendwer hat vermutlich wieder sechsmal die falsche PIN eingegeben. Obwohl dreimal völlig gereicht hätte. Während Theo und ich uns über das heiß gelaufene Gerät beugen, stößt die neue, hübsche Referendarin Lara zu uns.

Laminier-Lara: »Schon wieder Schrott? Soll ich euch schnell helfen? Meistens muss man nur die Klappe ...«

Ich weiß nicht, woher diese jungen Nachwuchskräfte heute das Selbstbewusstsein nehmen, immer und überall mitreden zu wollen. Zu meiner Zeit war die Welt noch in Ordnung: Da warst du als Referendar mit Abstand das letzte Glied in der Nahrungskette Schule, weit hinter dem Reinigungspersonal und den Kaulquappen im Aquarium der Biofachschaft, die niemals jemand füttert. Geeignet waren Referendare nur für Vertretungsstunden, Kaffeefilter wechseln oder die Begleitung einer Erdkunde-Exkursion ins Ibbenbürener Steinkohlerevier.

Die ersten Tage an der Schule waren besonders demütigend. An einen Katzentisch im Lehrerzimmer gepfercht, warteten wir Referendare darauf, einer erfahrenen pädagogischen Lichtgestalt zugeteilt zu werden, um ihr beim Unterrichten über die Schulter gucken zu dürfen. Als es dann endlich so weit war, wurde man in der letzten Reihe platziert und durfte neunzig Minuten Stillarbeit beiwohnen. Dazu sollte man möglichst interessiert schauen und sich Notizen machen.

Im Anschluss gab es in der Regel eine Nachbesprechung. »Und, wie fanden Sie meinen Unterricht?« »Ja, sehr anregend. Wie lange bereiten Sie eigentlich so eine Stunde vor?« »Ach, mit der Zeit stellt sich Routine ein, das werden Sie merken. Ich sag nur: Kopiervorlage, Klett Lektürehilfe, Wochenende genießen. In der Seefahrt hat der Kapitän ja auch hauptsächlich drei Aufgaben: anlegen, ablegen, hinlegen. Ungefähr so ist das hier auch.«

Am Anfang ist jeder Referendar heillos übermotiviert. Bis an die Zähne bewaffnet mit Lochern, Tackern, Post-its, Leitz-Mappen, Methodenkoffern, Textmarkern, Scheren und Klebestiften okkupiert der orientierungslose Newcomer das Kopierzimmer. Das sichert einem sofort den Spott der älteren Semester: »Na, verehrter Bastelfreund, was macht ihr heute? Mandalas ausmalen, Servietten falten oder nur Prickel-Technik?« Heutzutage sind viele Referendare dem Laminiergerät verfallen, so auch die hübsche Lara. Wie der Ami alles frittiert, so laminiert sie alles, was ihr in die Finger kommt.

An der HFG löst die Begrüßung der neuen Referendare im Kollegium jedes Jahr eine Welle von widersprüchlichen Gefühlen aus. Das frische Blut wird gleichermaßen belächelt und gefürchtet. Die täglich wachsende Verzweiflung der Referendare zeigt uns: Wir Älteren sind bereits einen langen Weg gegangen und haben überlebt. Ich höre mir gern ihre Sorgen an und scheue mich nicht, den einen oder anderen unangebrachten Tipp von hoher Warte zu geben.

Für einen Moment flammt dann so was wie pädagogisches Ethos in mir auf. Die Referendare erinnern uns jedes Jahr aufs Neue an unseren anfänglichen Idealismus. Sie spenden Hoffnung und leben uns unbewusst vor, warum wir seinerzeit Lehrer geworden sind, damit wir es dann bald gemeinsam wieder vergessen können.

Ich lächle Laminier-Lara über den Kopierer hinweg subtil an und versuche mit einem Auge zu zwinkern.

Herr Schröder: »Nee, lass mal, Lara. Wir starken Männer kriegen das schon hin.«

Trillerpfeifen-Theo: »Schrödiiiiiiii! Hol die Oma aus dem Koma, was geeeeht? Mal wieder am Flirten? 80 Prozent Ballbesitz und kriegst trotzdem keinen rein?«

Herr Schröder (ärgerlich zu Theo): »Was machst du eigentlich am Kopierer? Du kennst doch das gedruckte Wort nur vom Hörensagen. Was willst du überhaupt kopieren? Den Beipackzettel für deine Medizinbälle?«

Trillerpfeifen-Theo: »Nein, Schrödi, das Programm für die Projekttage. Lara, was bietest du bei den Projekttagen an?«

Laminier-Lara: »Interaktives Geocaching im Centerpark ... Die Liste war schon voll, bevor ich sie aufgehängt habe. Und du?«

Trillerpfeifen-Theo: »YouTube Challenge in der Disziplin ›crosstraining‹, wird live ins Netz gestreamt. Die Schüler konnten sich online anmelden. Und, Schrödiiii, du?«

Herr Schröder: »Scrabble auf dem Schulhof. Die Liste ist fast ... also ein paar Plätze sind noch ... vakant. Es gibt aber bereits mehrere unverbindliche Vormerkungen ...«

Trillerpfeifen-Theo: »Mensch, Scrabble! Echt hot! Wie viele Punkte gibt es denn für ›Waschlappen‹?«

Laminier-Lara (zwinkert Theo zu): »Diagonal, versteht sich.«

Herr Schröder: »Wir machen dieses Jahr nur mit Adjektiven ...«

Trillerpfeifen-Theo: »Cool!!«

Herr Schröder: »Das wären jetzt zum Beispiel zehn Punkte. Obwohl ich noch nicht weiß, ob ich Anglizismen wirklich zulassen werde ...«

Es klopft an der Tür.

Saskia: »Entschuldigung, wir wollten uns für die Projekttage anmelden und suchen die Listen.«

Herr Schröder: »Ahhhh, super! Scrabble?«

Saskia: »Äähhh, nein.«

Herr Schröder: »Die Liste ist sowieso schon voll.«

Nach solchen Erlebnissen hilft nur: Kreide vom Cordja-ckett klopfen und weiter. Trillerpfeifen-Theo wird auch noch lernen, wie die Dinge hier laufen.

Kapitel 7 ✏️

Die Schüler mit Schiller locken –
die Theater-AG

Frontalunterricht – wie das schon klingt. Das ist pädagogischer Stellungskrieg. Die Lehrer feuern Wortsalven ab, während die Schüler im Schützengraben kauern. Papierkügelchen sind ihre einzig mögliche Gegenwehr. Wenn man wirklich zu den Schülern durchdringen will, muss ein Anreiz her, der so stark ist, dass nicht der Lehrer in die Burg eindringt, sondern die Schüler diese freiwillig verlassen. Deshalb leite (korrekt muss es heißen: leitete) ich die legendäre HFG-Theater-AG. Die Vorbereitungen im Herbst verliefen extrem vielversprechend.

Herr Schröder: »So, liebe Freunde der Hochkultur – heute ist Anmeldeschluss. Murat, bist du dabei ...?«

Murat: »Was, ich? Nee! Theater ist voll schwul!«

Herr Schröder: »›Leonce und Lena‹ ist nicht ›schwul‹, sondern ein berühmtes Lustspiel von Georg Büchner, voller Leidenschaft und Glanz. Aber wenn euch Büchner nicht zusagt, können wir auch auf was Moderneres ausweichen. ›Homo Faber‹ zum Beispiel, denn ich mag's frisch. Versteht ihr? Mag's frisch – wegen Max Frisch ...«

Klasse stöhnt.

Herr Schröder: »Oder Dürrenmatt? ›Der Besuch der alten Dame‹?«

Justin: »Alte Frauen? Dann doch lieber diesen Homofürst.«

Herr Schröder: »Homo *Faber*!«

Lisa-Marie: »Herr Schröder, das Problem bei Theater ist – die reden immer alle so übertrieben, einfach ... too much.«

Herr Schröder: »Verstehe. Wie wäre es denn mit etwas mehr Action? ›Wilhelm Tell‹ ... da kann sogar einer 'nen Apfel mit der Armbrust vom Kopf schießen. Das ist doch wohl mal ... wow, oder?«

Lisa-Marie: »Oder ›Starlight Express‹? Ich leih' mir die Rollschuhe von meiner Schwester.«

Herr Schröder: »Gut und schön, aber leider etwas zu seicht. Hättet ihr nicht Lust, mal so richtig auf die Kacke zu hauen: Aufbegehren, Chaos und Anarchie, ungefilterte Gefühle, Liebeswahn, Weltschmerz, Empfindsamkeit, Suizid, Drogen, Gewalt! Es gibt ein Stück, das von einer Räuberbande handelt ...«

Justin: »Krass, Abou-Chaker-Clan. Ich bin Bushido.«

Herr Schröder: »Euer Enthusiasmus gefällt mir! Lasst mich kurz den Inhalt subsumieren. Also da ist voll Beef in der Familie. Zwischen den zwei Brüdern. Franz und Karl Moor. Weil der ältere Bruder Karl sich gegenüber Franz, dem Nesthäkchen, zurückgesetzt fühlt, schließt er sich einer Räuberbande an. Aber am Ende scheitern sie.«

Lisa-Marie: »Nicht spoilern!«

Nachdem alle überzeugt waren, begannen die Proben. Der Theaterraum befindet sich im Keller der Schule. Ein schwarzes Molton-Quadrat. Knisternde Scheinwerfer, auf denen man ein Spiegelei braten kann. Schultaschen werden draußen gelassen, Handys auf Flugmodus, Schuhe aus. Hier herrscht Zeitlosigkeit.

Torben-Manuel: »Herr Schröder, wie lange noch?«

Herr Schröder: »So, Kinder, wo sind meine Hauptdarsteller?«

Anastasia: »U-Haft. Räuberische Erpressung.«

Herr Schröder: »Wie bitte?!«

Lisa-Marie: »Spaß, die 61 hat Verspätung. Oberleitungsstörung.«

Herr Schröder: »Wir beginnen trotzdem schon mal mit einer Lockerungsübung. Jeder bewege sich frei im Raum. Im eigenen Tempo. Bewusst gehen ... aber bleibt erst mal ganz bei euch.«

Schwerfällig setzt sich die Meute in Gang. Murat und Justin kommen rein und mischen sich unter die anderen.

Herr Schröder: »Fühlt mal in euch rein, wie sich das anspürt.«

Justin: »Aaaaalter ... was geht hier ab?«

Anastasia: »Herr Schröder hat Oberleitungsstörung.«

Herr Schröder: »Ihr müsst nicht alle im Uhrzeigersinn laufen. Traut euch, geht euren eigenen Weg. Brecht frei! Gegen den Strich, unkonventionell.«

Die Schüler taumeln orientierungslos im Kreis.

Herr Schröder: »Ja, super. Jetzt gebt eurem Körper eine Stimme. Seid Klangkörper. Grunzen, bellen, jaulen. Macht Urlaub im Urlaut. Was will raus?«

Murat: »Ich. Ich will raus.«

Herr Schröder: »Okay. Dann gehen wir jetzt mal in den Text.«

Justin: »Hab' ich nicht bei.«

Herr Schröder: »Leute, wie sollen wir denn so arbeiten?«

Die Probenarbeit lief in den kommenden Wochen vergleichsweise harmonisch ab. Natürlich gab es kleinere Zwischenfälle, aber dafür ist der Scheinwerfer jetzt sicher angebracht. Kurz vor Weihnachten war es dann so weit: Premiere. Ein Abgesandter des Schulamts saß in der ersten Reihe, außerdem Kommissar Plömsgens, der Bezirksbürgermeister samt Gattin und natürlich die Elternschaft sowie das Kollegium und einige Schüler. Schon das Bühnenbild sorgte für Irritation: Der gesamte Aulaboden war mit Moos, Zweigen, Kastanien und Erde bedeckt, um die Witterungsverhältnisse eines deutschen Mischwaldes im Januar des Jahres 1782 erlebbar zu machen.

Aus den Boxen drangen Urwaldgeräusche. Spot auf Murat in der Rolle des Franz Moor. Er stand da in einen seidenen Bademantel gehüllt und trug auf dem Kopf eine Taucherglocke. Auftritt Justin als Bruder Karl. Die gesamte Anfangssequenz hatten wir nonverbal angelegt.

Für die Rolle des Vaters kam von Anfang an nur einer in Betracht: moi. Die Kinder hatten mich geradezu gezwungen. Auftritt Maximilian Graf von Moor. Eine elegische Tanzchoreografie entspann sich, an deren Ende der erste Dialog begann. Wir hatten den Text etwas modernisiert:

Franz Moor / Murat: »Diss hier is, wo ich herkomm, ich bin Daddy's Darling, Erstgeborener, Alleinerbe, kannste nicht ändern! *(singt)* I take you to the dandy shop ... Nenn mich Oscar Wilde, bitch!«

Karl Moor / Justin (mit Wasserpistole herumfuchtelnd): »Arschgepuderter Nuttensohn, du grenzdebiler Quastenflosser. Ich ficke dich, nenn mich einfach Gina Wild, bitch.«

Max Graf von Moor / Herr Schröder (intervenierend): »Söhne! Kinder! Europäer! Welch tragischer Konflikt. Las ich doch den Brief. Zwei blaue Häkchen. Und im Postskriptum die tragische Verkündung. Karl, ein Frauenschänder? Eine Armlänge Abstand zum Hofe er nun halten muss.«

Amalia von Edelreich / Anastasia (auf einer Abrissbirne sitzend): »This is a man's world! Ich liebe Karl, denn in der damaligen Zeit hatten Frauen keine andere Funktion, als Männer anzuhimmeln!«

Bezirksbürgermeister und Gattin bewegten sich unauffällig Richtung Ausgang. In diesem Moment kam die Räuberbande auf fünf Segways in die Aula gerollt und versperrte

alle Türen. Über ihren Köpfen schleuderten sie Fahrrad-
ketten. Justin zündete die erste Blendgranate. Kommissar
Plömsgens sprang auf.

Kommissar Plömsgens: »Herr Schröder, was wird denn
das hier?!«

Franz Moor / Murat (schreiend): »Lasst die Hunde los!«

Aufruhr im Publikum.

Karl Moor / Justin: »Spaß, Leute, wir haben keine Hunde. Aber Löwen. Und wenn ihr uns jetzt nicht alle genau
zuhört, garantieren wir für nichts.«

Kommissar Plömsgens: »Herr Schröder! Können Sie
mir erklären, was hier vor sich geht? Das hat mit Theater nun wirklich nichts mehr zu tun!«

Max Graf von Moor / Herr Schröder: »Das hier ist Satire,
und Satire darf alles! Je suis Schiller!«

Franz Moor / Murat: »Habe ich nun die ungeteilte Aufmerksamkeit? Schön. Wir, die 187 Straßenräuberbande,
haben ein paar simple Forderungen. Diese Schule steckt
tiefer in der Vergangenheit als dieses olle Stück. Wir haben es satt! Im Kunstunterricht haben wir letzte Woche
als Beispiel für modernes Kino ›Metropolis‹ geguckt! In
Mathe arbeiten wir immer noch mit Rechenschiebern.

Das WLAN der deutschen Bahn ist stabiler als unser Schulnetz! Und wir sollen trotzdem alles in Turbozeit schaffen.«

In einer der hinteren Reihen tuschelt ein Elternpaar. »Ist das noch das Stück?« – »Keine Ahnung, aber der Junge ist gut.«

Franz Moor / Murat: »Wir fordern Folgendes: Handy-Ladestation an jedem Sitzplatz. Slushy-Automat in der Cafeteria. Playsi im Medienwagen!«

Karl Moor / Justin (flüstert ihm zu): »Chill, Digga. Übertreib's nicht.«

Amalia von Edelreich / Anastasia: »Kann mich mal jemand von der Abrissbirne holen?«

Kurz darauf wurde mir von Kommissar Plömsgens überraschend die Leitung der Theater-AG entzogen. Eigentlich war mir das nur recht. Ich wollte mich künftig sowieso eher auf die Neuen Medien konzentrieren.

Kapitel 8 🖉

Das Internet ist für uns alle Neuland – Wahlkampf im Netz

Mittwoch

Doppelstunde Deutsch beim Korrekturensohn. Das schreibe ich hin und schaue dann der Tinte beim Trocknen zu. Der Unterricht bei ihm ist zurzeit besonders zäh. Herr Schröder scheint sich Mühe zu geben, den angestaubten Stoff extra lustlos zu vermitteln. Ich schaue aus dem Fenster und beobachte zwei Flugzeuge dabei, wie sie Striche in den Himmel malen. Bin ich zu viel im Internet, oder bilden die Kondensstreifen einen Hashtag? Justin neben mir stinkt unerträglich nach Hasch, er war gerade »auf Toilette«. Schrödi hat es wie immer nicht gerafft. Er ist zu verliebt in seine eigenen Ausführungen. Von wegen auktorialer Erzähler oder so.

Herr Schröder: »Kinder, zum Schluss der heutigen Doppelstunde noch mal was ganz anderes: Wie ihr wisst, ist das World Wide Web für mich ja weitestgehend Neuland. Aber: Ich will mir jetzt mal so einen Instagram-Account installieren.«

Ein erschrockenes Raunen geht durch den Raum.

Herr Schröder: »Deshalb hab ich auch gleich noch eine Aufgabe für euch: Wir suchen mir einen kreativen Profilnamen, der meinen Account so richtig pusht. Die Klasse arbeitet bitte interaktiv, an Gruppentischen. Seid ihr bereit für das Erstellen einer Mindmap?«

Justin: »Was für 'ne App?«

Herr Schröder: »Mindmap, ein Cluster eurer Ideen!«

Ob das Teil des Lehrplans sei, fragt Anastasia, aber ehe ich dies verneinen kann, sitzen die meisten Schüler schon in Gruppen an den Tischen. Selten habe ich meine 10a so vertieft an einem Arbeitsauftrag arbeiten sehen wie jetzt. Eine Arbeitsgruppe präsentiert wenig später folgendes Zwischenergebnis an der Tafel:

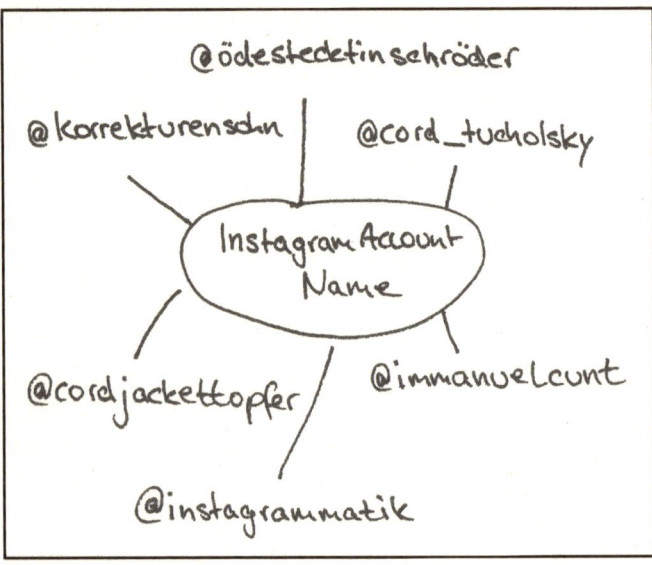

Herr Schröder: »Danke, da ist schon sehr viel Schönes dabei. In die Richtung sollten wir weiterdenken, finde ich.«

Justin: »Herr Schröder, muss wirklich jeder von uns das Tafelbild abfotografieren? Wozu haben wir denn die Klassen-WhatsApp-Gruppe?«

Herr Schröder: »Justin, es prägt sich besser ein, wenn jeder von euch sein eigenes Foto macht. Wie machen wir jetzt weiter? Ich habe keine Ahnung, wie das alles funktioniert. Könnt ihr mir helfen?«

Die Angst ist mit Händen greifbar. Ich bin im Begriff, in das virtuelle Revier der Schüler einzudringen. Ihre Selbstverteidigungssysteme sind aktiviert. Ich spüre förmlich, wie sich Zehntausende von Nackenhaaren aufstellen.

Herr Schröder: »Leute, keine Panik, ich lasse euch euren Freiraum. Lehrer und Eltern sind ja auf der Datenautobahn nur so etwas wie die Verkehrspolizei. Zurückhaltend präventiv tätig sozusagen. Ich will nur ein paar Tipps von euch, wie man Reichweite kriegt.«

Ein guter Nickname, erläutert mir Murat, ist im sozialdarwinistisch umkämpften Social-Media-Habitat überlebenswichtig. Nirgends werden Lebensgewohnheiten, persönliche Zielsetzungen, Glaubenssätze und die Selbstwahrnehmung sprachlich so verdichtet dargestellt wie im Profilnamen. (Murat formuliert das anders, aber seine Botschaft kommt bei mir an.) Mein Germanisten-Herz hat offenbar allen Grund zum Jubeln: Im WWW finden sich klangvolle Alliterationen, einfallsreiche Oxymora und Pimmel-Witze aller Art. Folgende *nicknames* gelten, so klärt mich die 10a auf, derzeit offiziell als state-of-the-art:

@nutellababe

@ehrenmann

@wegbier_to_go

@roller_kokser

@spermriver2004

@karma_wird_dich_ficken

@black_sheep2.0

Lisa-Marie: »Sie brauchen auf jeden Fall einen aussage-kräftigen Profilnamen. *@therealslimschroedi* vielleicht. Unter dem Hashtag *#lehrerdesjahres_HFG* können die Schüler dann Ihre Beiträge liken und Wahlversprechen kommentieren.«

Justin klatscht sich mit der Handfläche an die Stirn. Ich erkenne die Geste: eine sogenannte »Facepalm«. Online-Zeichen für angestrengtes Nachdenken. Wunderbar, end-lich kommt hier mal Schwung in die Sache.

Herr Schröder: »Ja, danke, Lisa-Marie. Ich habe schon einige Ideen, welche Wahlversprechen ich posten könn-te. Zum Beispiel: eine Shisha-Lounge für die Oberstufe. Vielleicht formulieren wir das jetzt direkt mal gemein-sam, oder?«

Gesagt, getan. Nach zehn Minuten liegt bereits ein würdi-ges Ergebnis vor:

»Liebe Netzgemeinde und @Schulleitung_HFG! Wenn ich Leh-rer des Jahres werde, gibt es nächstes Jahr Shisha satt im Ober-stufenraum! Markiert einen Homie, mit dem ihr gerne Doppel-Apfel ballern würdet! #lehrerdesjahres_HFG #shishalounge #ipromise #drake #holländischeminze

Nach wenigen Sekunden schon zwei Likes. Dann folgen erdrutschartig die Kommentare:

@sports_theo: »lol – jetzt können wir Schrödi in der Pfeife rauchen«

@just_in_yourmother: »Instagram jetzt offiziell uncool: Herr
Schröder hat Account. Sehen uns bei Twitter«

@muratatatatat: »cüüüüüüüs«

@Schulleitung_HFG: »Bitte mal bei mir im Büro melden, Herr
Schröder.« #beurlaubung #umorientierung #zeitungenaustra-
gen

Verrückt, was man im Cyberspace alles machen kann. Mein
erster Instragram-Post ist sofort ein richtiger Hit. Es wurden Likes im einstelligen Bereich generiert, und knapp ein
halbes Dutzend Kommentare zeigen mir, dass ich im Internet erwünscht bin. Ich nutze die gute Stimmung für einen
sympathischen Appell an mein Wahlkampfteam der 10a.

Herr Schröder: »Würde mich freuen, wenn zum Beispiel auch *ihr* meinem Profil folgt. Kein Zwang. Aber
natürlich entgeht mir nicht, wer mich abonniert hat
und wer nicht. Auf die Mitarbeitsnote wird dies keinen
Einfluss ... jedenfalls keinen nennenswerten Einfluss
haben ... aber meine Online-Präsenz ist vielleicht bald
so eine Art *second screen* zum Unterricht. Also, wer voll
im Bilde sein will, folgt mir, denn, ich sag mal so, die
unangekündigten Tests, könnte schon sein, dass ich die
in der einen oder anderen Story mal vorher erwähne ...
Ihr dürft dafür jetzt an dieser Stelle auch ausnahmsweise eure Geräte aus der Tasche holen.«

Kapitel 9 ✏️

Ein Spielplatz der Evolution –
der Schulhof

09:29 Uhr. 1400 steinerne Quadratmeter dösen bräsig in der Sonne. Zwei Eichhörnchen jagen sich um die Tischtennisplatten. *#rundlauf.* Eine silbrige Corny-Riegel-Verpackung flattert über den Platz und bildet in der vollgekritzelten Sitzecke eine Windhose mit Ahornblättern, entwerteten Fahrkarten und Spickzetteln. An einer kleinen Pfütze trinken einträchtig ein Mauersegler und eine Katze. Westfälischer Frieden am Wasserloch.

09:30 Uhr. Große Pause. 1241 Schüler drängen die Freitreppe herunter. Die spiegelglatte Oberfläche der Pfütze erbebt. Die Tiere bringen sich in Sicherheit. Ein schlampig gebundener Timberland-Boot tritt in das Wasserloch. Die Unterstufe stürmt zu den Tischtennisplatten, die Eichhörnchen verschanzen sich in der Regenrinne. Sofort rotieren sechs Jungs um das grüne Rechteck. Den chronischen Mangel an Schlägern kompensieren sie mit Smartphones, Federmäppchen oder der bloßen Hand. Dabeisein ist alles. Etwas entschleunigter geht es bei der Oberstufe zu.

Hier hat jede Gruppe ihren Stammplatz. In der Raucher-ecke steigen die ersten Rauchwolken auf. Dichter E-Ziga-rettendampf und klassischer Analog-Qualm geben sich ein undurchsichtiges Stelldichein. Dann und wann tönen gutturale Laute aus der Wolke. Eine No-go-Area. Tischten-nisbälle, die hier zufällig landen, gelten als verloren. Kaum eine Pausenaufsicht traut sich da rein.

Direkt gegenüber, aber getrennt durch marianengra-bentiefe Widersprüche in der Weltanschauung, hat sich der Club der toten Dichter eingefunden. Rot-beschalte Poetry-Slammer debattieren angeregt über den Sexismus in Duschgel-Reklamen.

Im östlichen Teil des Schulhofes befindet sich die neue, halbrunde Sitzlandschaft, die die Schülervollversamm-lung erstritten und der Förderverein mitfinanziert hat. Hier sitzen die Grazien aus der Mittelstufe. School-Life-Ba-lance im Amphitheater. Vorgeschälte Snackmöhren, Mini-Bananen und Mais-Waffeln werden innerhalb der Gruppe fair gehandelt. Und wo geknuspert wird, wird auch ge-klönt. Wer mit wem, wo und wann, wie und weshalb.

Wohltemperierte Schulhof-Idylle.

Dennoch braucht es auch jemanden, der für Ordnung sorgt. Einen heldenhaften Protektor. Einen Leatherman an der Stellschraube dieses fragilen Sozialgefüges. She-riff Schröder meldet sich zum Dienst. Ich mache meinen Rundgang. Erste Station: Debattiergruppe. Auf mei-ne Schulterklopfer und mein aufmunterndes »Na, ihr Freaks!«, reagieren sie mit stummem Achselzucken. Ich habe den Laden im Griff.

Nächster Halt: Amphitheater. »Hey Mädels, habt ihr vielleicht Lust, mir auf Insta zu folgen, wegen der Sache Lehrer des Jahres?« Die Mädchen verziehen angewidert ihre Lipgloss-Lippen und drehen sich weg. »Ich leg hier auch mal 'n paar Flyer hin, okay? Ganz unverbindlich. Muss sowieso weiter.« Man darf sich schließlich nicht zu lange bei einer Gruppe aufhalten. Schrödi ist für alle da.

Zeit für die Raucherecke. Ich trete in die Wolke. Würde mich nicht wundern, wenn dahinter Marijke Amado wartet und ich gleich in Polizeiuniform auf das Playback von YMCA performen werde. *#zauberkugel #mini-playback-show.* Der dichte Qualm tönt meine Brille, mein Brustbein hebt sich und mein Timbre senkt sich.

Herr Schröder: »Salem, freut ihr euch auf die Shisha-Lounge?«

Oberstufensprecher*in: »Ja geil, mit Ladestation?«

Hier ist Basisarbeit gefragt. Kein Problem für mich.

Herr Schröder: »Klar, die Anschlüsse sind so gut wie verlegt. Ihr könnt euch auf mich verlassen!«

Oberstufensprecher*in: »Ohne Scheiß jetzt? Wir feiern Sie, Herr Schröder!«

Ich habe das Gefühl, die mögen mich. Hier mache ich mir um Wählerstimmen keine Sorgen. Unterstützend hole ich einen Stapel Flyer aus der Manteltasche und lege sie auf den Rand des Stand-Aschenbechers. In dem Moment schlendern einige Abgesandte der 10a auf mich zu.

Murat: »Ey, Herr Schröder, wann kriegen wir eigentlich Deutsch wieder?«

Herr Schröder: »Leute, seit ich meinem Neffen das Bob-by-Car geschenkt hab, kommt der Junge gar nicht mehr zum Korrigieren.«

Niemand lacht.

Murat: »Nee, Herr Schröder, jetzt mal im Ernst. Es geht bei manchen ja auch echt um die Versetzung. Mittlerer Schulabschluss. Zukunft und so. Haben Sie sich meine Arbeit eigentlich schon genauer durchgelesen? Ich hab mir voll die Mühe gegeben diesmal. Wie fanden Sie meine Interpretation von Fausts Auftrittsmonolog? Der Typ war doch ... voll der Narzisst, oder?«

Die Gruppe guckt mich erwartungsvoll an. Gut, dass niemand weiß, dass ich die unkorrigierten Deutscharbeiten der 10a am Wochenende im Regionalexpress habe liegen lassen.

Herr Schröder: »Ich muss weiter, Partypeople, checkt meine Story!«

Gerne hätte ich noch länger mit meinen Homies gecornert, aber leider droht an der Tischtennisplatte eine handfeste Keilerei. Der Grund: Max Wolpertinger hat mal wieder Marvin Seidelmeyers Bento-Box geplündert. Nur die Selleriestangen sind übrig geblieben.

Zeit für meine pädagogischen Softskills. Ich-Botschaften, Respekt und gewaltfreie Kommunikation sind der Schlüssel zu einem harmonischen Miteinander. Als die Jungs der Flummi-Truppe geballt auf Max losgehen wollen, gehe ich dazwischen.

Herr Schröder (mit fester Stimme): »Halt! Stopp! Was steht in den Schulregeln?«

Die Flummi-Truppe blickt mich uninspiriert an.

Marvin: »Links gehen, rechts stehen?«

Jetzt bloß nicht vom Kurs abkommen.

Herr Schröder: »Wenn uns jemand beleidigt, beleidigen wir ihn nicht zurück.«

Meine erläuternden Worte zeigen nicht ganz die erwünschte Wirkung. Die Jungs der 6b fallen erneut über Max her. Also schreie ich – nach den Streitschlichtern.

Eines muss man der HFG lassen: Das Wort »Sozialcurriculum« wird bei uns großgeschrieben, meistens allerdings falsch. Im letzten Schuljahr wurde an unserer Schule die neue Streitschlichter-AG ins Leben gerufen. Schülerinnen und Schüler aller Altersgruppen können jetzt unter der Leitung von Kuschel-Ursel ihre Softskills in den Bereichen Konfliktlösung und Krisenmanagement trainieren. Einmal die Woche treffen sich die Streitschlichter in der PC-Etage und »üben anhand von Rollenspielen die entwaffnende Wirkung der sanften Kritik« (so stand es in der AG-Beschreibung).

Die Anmeldezahlen waren schwindelerregend hoch. Kein Wunder: Endlich mal einen unverfälschten Einblick in die sozialen Grabenkämpfe hinter den Kulissen erhaschen. Den Flurfunk an der Quelle abhören. Oder um es im Deutschlehrersprech zu sagen: Von der Ich-Perspektive ins Auktoriale wechseln. Und natürlich spielt auch der Wunsch nach Autoritätsausübung mit hinein. Mal selber Lehrer sein, oder wenigstens Hilfssheriff.

Auch in diesem Jahr hatte sich wieder ein hochkompetentes Streitschlichter-Team formiert, das von der Motivation her locker den Nahostkonflikt hätte lösen können. Doch leider stellte sich schnell heraus, dass es zu wenig Konflikte an der HFG gibt – und viel zu viele Streitschlichter. Wahrscheinlich steht sich die deutsche Bürokratie hier mal wieder selbst im Weg. Welcher Siebtklässler hat schon Lust, nach einem verlorenen Faustkampf in der 5-Minuten-Pause ein vierseitiges Formular auszufüllen: »Thema des Konfliktes, Beteiligte Personen, Sozialversicherungsnummer, Blutgruppe, Klassenlehrer« und in den dafür vorgesehenen Kummerkasten am Sekretariat zu schmeißen. Das wird dann doch lieber auf dem kurzen Dienstweg geklärt.

Und nun sitzen die Streitschlichter da, bis an die Zähne entwaffnet, und warten auf Konflikte. Wie hungrige Hyänen umlagern sie den Kummerkasten.

Kein Wunder also, dass drei Sekunden nach meinem Hilfeschrei bereits Lisa-Marie und Torben-Manuel neben mir stehen und in ihre befriedende Gefechtsstellung gehen.

Lisa-Marie: »Marvin, ich respektiere deine Wahrnehmung, aber versuch doch mal bitte ganz kurz in eigenen Worten zu beschreiben, was dir jetzt an Max' Verhalten missfallen hat.«

Marvin (in Tränen): »Der hat mein Essen geklaut!«

Lisa-Marie: »Super, Mario, äh, Marvin. Vielen Dank für dein konstruktives Verbalfeedback. So, Max, was ist denn deine Lesart der Dinge?«

Max: »Das ist *meine* verkackte Bento-Box!«

Torben-Manuel (streng): »Keine Kraftausdrücke!«

Die Flummi-Truppe hat parallel wieder begonnen, auf Max einzutreten. Währenddessen streiten die Streitschlichter, ob ein deeskalierendes Rollenspiel weiterhelfen könnte. Lisa-Maria schreit entnervt: »Warum denn jetzt Rollenspiel? Ich hatte vom Feeling her das Gefühl, dass wir hier gerade schon gute Fortschritte gemacht haben!«

Die Situation scheint festgefahren. Bei einer solch verzwickten Lage braucht es einen, der sich kümmert ...

Ich klatsche in die Hände. Alle Augen richten sich auf mich.

Ich atme tief ein, recke die gefalteten Hände gen Himmel und gehe in den Herabschauenden Hund.

Ich schließe die Augen und beginne zu summen.

Deeskalations-Yoga.

Nach einer kurzen Phase der Irritation begeben sich nach und nach die ersten Kinder ebenfalls in die Figur des Herabschauenden Hundes. Max, Marvin und der Rest der 6b blicken erst ungläubig auf das Spektakel, ergeben sich dann aber der Gruppendynamik und steigen mit ein. Schließlich hat der gesamte Schulhof in demutsvoller Selbstvergessenheit das Steißbein nach oben gereckt ...

Ein greller Schrei reißt mich aus meinem Tagtraum. Die Flummi-Truppe prügelt sich immer noch. Die Streitschlichter prügeln sich jetzt auch.

Da hilft nur noch eins. Wenn Schulleitung, Lehrerkollegium und selbst die Streitschlichter pädagogisch am Ende sind, muss ich notgedrungen zum letzten aller Mittel greifen.

Herr Schröder (brüllt): »Wenn ihr nicht sofort aufhört, melde ich das dem Klausmeister!«

09:45 Uhr. Gong. Selbstzufrieden schaue ich den Schülern dabei zu, wie sie die Freitreppe hinaufströmen; ein jeglicher in seiner Art. Letztlich greift ja alles irgendwie ineinander. Wo am Anfang Chaos herrscht, findet nach und nach alles seinen Platz, wie in einem dieser alten Flipperautomaten. Die Kugel wird so lange im Spiel gehalten, bis sie in die Gasse fällt. In der Raucherecke werden die Zigaretten ausgedrückt und die E-Zigaretten auf Standby geschaltet, die Grazien aus dem Amphitheater klappen ihre Knabberboxen zu. Mauersegler und Katze finden sich wieder am Wasserloch ein, und die Eichhörnchen recken ihre Nasen vorsichtig aus der Regenrinne.

Die Corny-Verpackung wirbelt zusammen mit meinen angekokelten Flyern über den Hof. Ich sammle den Unrat ein und schmeiße ihn in den Müll. Die Flyer lasse ich natürlich liegen.

Kapitel 10 ✏

Er hat mit Erfolg die Schule abgeschlossen – unser Hausmeister

Er ist der Erste, der kommt, und der Letzte, der geht. Manche meinen, dass er gar nicht nach Hause geht, nie schläft und in den Katakomben der Schule eine Einliegerwohnung versteckt. Schüler der 6b berichteten einmal aufgeregt, sie hätten ihn vor der ersten Stunde im Morgenmantel mit Zahnbürste im Mund gesehen.

Lehrer und Schüler nennen ihn nur »den Klausmeister«. Er hat nämlich einen derart komplizierten slawischen Namen, dass alle an der Schule irgendwann dazu übergegangen sind, ihn Klaus zu nennen. Daraus wurde Hausmeister Klaus und über die Jahre schließlich Klausmeister.

Jeder an der HFG begegnet dem Klausmeister mit einer Mischung aus Respekt und Angst. Manchmal kann man hören, wie er in seinem Kabäuschen lautstark in sein Telefon schreit. Allerdings erkennt niemand die Sprache. Man vermutet, dass es irgendwas zwischen Georgisch und Albanisch ist. Einmal hat er sogar den Spanischunterricht vertreten. Die Schüler waren begeistert und wollten nur noch von ihm unterrichtet werden. »*Gracias, Señor* Klaus-meister!« – »Caramba!«

Klaus Wischnevski ist sehr gewissenhaft: Pünktlich um 16:30 Uhr schließt er den Fahrradkäfig ab. Auch wenn noch Schüler drin sind. Er hat insgesamt nur acht Finger, davon sechs an der rechten Hand.

Man sollte sich gut stellen mit Klaus Wircicikrk. Er weiß als Einziger, wie man mit dem kapriziösen Heizungssystem umgehen muss. Im letzten Februar musste die gesamte Schule zwei Wochen frieren, weil Kommissar Plömsgens ihn bei einer Rede als »facility manager« bezeichnet hatte.

Trillerpfeifen-Theo hat mal scherzhaft gesagt: »Klaus, der polnische Imperativ«, nachdem im Geräteraum ein gelber Schaumstoffball gefehlt hat. Am selben Tag hat jemand den Lack seines Audi A6 zerkratzt. Man konnte dem Klausmeister nie etwas nachweisen, und der Ball tauchte am nächsten Morgen in Trillerpfeifen-Theos Spind wieder auf.

Klaus Wlachopolus verfügt nicht nur über die Schlüssel, er ist auch der Wächter über das WLAN der Schule. Er ändert das Passwort alle 14 Tage und belohnt besonders hilfsbereite Schüler mit dem Code zur Umgehung des Jugendschutzes.

An einem seiner beiden rechten Ringfinger trägt Klaus Wanscholvik einen goldenen Ehering mit roten Diamanten. Trotzdem hat man ihn noch nie mit einer Frau gesehen. Man vermutet, dass er eine Familie in Serbien hat, der er jeden Monat Geld überweist. Die Nerds des Informatik-LKs helfen ihm beim Online-Banking. Einer der Jungs behauptet steif und fest, der Klausmeister verfüge über ein

Kapital von 231450,56 Euro. Ein entsprechender Screen-shot geistert durchs Schul-Intranet, aber die Echtheit wird bezweifelt. Da einige Überweisungseingänge in Kyrillisch sind, gibt es Theorien, er sei beim KGB und seine Haus-meistertätigkeit habe einzig und allein den Zweck, sein Doppelleben als Spion zu kaschieren.

Als Sicherheitsbeauftragter ist er auch für die all-jährlichen Feueralarmübungen zuständig. Jedoch gestaltet er sie etwas zu realistisch. Anastasia hatte vor der letzten Übung versucht, auf ihn einzuwirken: »Herr Klausmeister, in der Brandschutzverordnung steht, wir sollen in Zweier-reihen die Feuertreppe hinuntergehen. Leider war letztes Mal die Tür zur Feuertreppe verschlossen.« – »Hör mir zu, ihr müsst wissen, was im Ernstfall zu tun ist. Bei Feuer: Nimm deinen Ranzen und lauf um dein Leben!« – »Ich denke, wir sollen alles in den Klassenzimmern lassen außer das Klassenbu...« – »Nein, schmeiß das Klassenbuch in die Flammen!« – »Und dann draußen am Sammelplatz auf die Schulleitung warten?« – »Welcher Sammelplatz?«

Nach der letzten Übung musste der komplette Westflü-gel der Schule wegen einer Detonation für ein halbes Jahr geschlossen bleiben und saniert werden. Die Oberstufe musste ihr Abitur daraufhin in der Turnhalle schreiben. Klaus Wischnevskaya genießt indes völlige Immunität, da er – wie es hinter vorgehaltener Hand heißt – vermutlich inkriminierende Fotos des Schulleiters besitzt.

Die Schüler schätzen ihn trotz allem. Sie wissen, wo sie bei ihm dran sind. Sein Motto lautet: »Nein heißt Nein und Ja heißt mal sehen.«

Und wenn moderne Pädagogik an ihre Grenzen gelangt, die gewaltfreie Kommunikation ins Leere greift und positive Bestärkung ihre Wirkung verfehlt, dann ist Klaus Wlaskavi immer zur Stelle: Dann holt er sein altes Schifferklavier aus der Besenkammer, setzt sich auf dem Schulhof in eine ruhige Ecke und singt den Schülern ungarische Arbeiterlieder vor. Alle werden plötzlich still, und sogar Schüler, die sonst jede Gefühlsregung als »schwul« bezeichnen, haben feuchte Augen.

Die tiefe Gebrochenheit und die zarte Melancholie teilt sich jedem sofort mit: durch das raue Timbre dieses wettergegerbten mazedonischen Windhundes. Seine petrolblauen Augen beweinen das zerfallene Jugoslawien oder die vergangene K. u. K.-Zeit. Die Geschichten ziehen die Schüler in ihren Bann, ohne dass sie ein einziges Wort verstehen. Danach ist selbst die Flummi-Truppe wie ausgewechselt: zugänglich und ausgeglichen.

Ja, man kann es nicht anders sagen: Klaus Wirzbiky, dieser rumänische Lebenskünstler mit dem Charme eines bulgarischen Kleinviehhirten, ist der heimliche Chef der Schule. Wollte man das Schulsystem mit einem elektronischen Stromkreis vergleichen, so wäre der Klausmeister die Erdung. Was wir von ihm lernen können, steht in keinem Curriculum.

Kapitel 11 ✏️

Unser Kind hat ADAC –
der Elternabend

Frage: Was wäre die Schule ohne Eltern?

Richtig: Ein karger, unbelebter Plattenbau, in dem orientierungslose Lehrer vergeblich auf ihre pädagogische Verfügungsmasse warten.

Erst die Eltern bringen die Schüler in die Bude. Kurz bevor der Gong morgens den Unterrichtsbeginn einläutet, schwillt der Strom der Elterntaxis vor dem Schultor an – und bis zum späten Nachmittag nicht mehr ab. Aber manchmal müssen die Eltern auch *ins* Gebäude, um beispielsweise vergessene Lunchpakete, Handyladekabel und Turnbeutel nachzuliefern. Oder, um mal wieder einem Elternabend beizuwohnen.

Besonders gerne erinnere ich mich an den Elternabend meiner heutigen 10a vor fünf Jahren. Damals 5a. Wie haben sich die Kinder seither verändert! Aber manches war schon wie heute: Anastasia war Klassensprecherin, Murat trug Schnurrbart, und Torben-Manuel kam mit dem Roller zur Schule. Die Klasse war damals noch wesentlich größer, einige der Schüler sind heute leider nicht mehr auf der HFG.

Ich war fast noch Junglehrer und bis in die Haarspitzen motiviert. Mein Cordjackett glänzte, der Medienwagen funktionierte, und Klausmeister hatte noch alle elf Finger. Es waren Zeiten voller Unbeschwertheit und Glück. Die größten Probleme waren die gefährlichen Inhaltsstoffe von Muffins, die Handysucht bei Kindern – und ob die Deutsch-Leitz-Hefter blau oder gelb sein sollten.

Vor Beginn meines ersten 5a-Elternabends musste ich noch mal ins Lehrerzimmer, um die Telefonliste zu kopieren. Zumindest gab ich das vor. In Wahrheit wollte ich die Eltern belauschen. Ich spielte bereits mit dem Gedanken, als Lehrer des Jahres zu kandidieren. Daher wollte ich die unverfälschte Stimme des Volkes hören: Wie kam ich bei den Eltern an?

Durch die angelehnte Klassenzimmertür waren ihre Stimmen gut zu hören.

Mutter Birte: »Ich find's ja gut, dass die Kinder einen jungen Mann als Klassenlehrer haben. Der sorgt bestimmt für frischen Wind.«

Mutter Anastasia: »Ja, Anastasia ist auch voll des Lobes.«

Vater Torben-Manuel: »Na ja, ist ja erst seine zweite Woche.«

Mutter Justin: »Außerdem weiß ich nicht, ob er wirklich auf jeden Schüler individuell eingehen kann. Unser Sohn hat wahrscheinlich ADS.«

Mutter Birte: »Birte hat ADHS plus Dyskalkulie Frühform. Stich!«

Mutter Justin: »Restless-Legs-Syndrom! Beidseitig!«

Vater Kopernikus: »Legasthenie, Endstadium.«

Vater Torben-Manuel: »Torben-Manuel ernährt sich nach der Fibonacci-Folge! Stich!«

Mutter Lisa-Marie: »Lisa-Marie kann nur Sachen essen, die keinen Schatten werfen!«

Vater Murat: »Murat hat Migrationshintergrund.«

Mutter Anastasia: »Okay, gewonnen.«

Es wurde Zeit für mich, wieder den Klassenraum zu betreten.

Das Wort »Elternabend« ist übrigens ein Euphemismus, ähnlich wie »Lebensabend«. Man denkt an Cognacschwenker im Ohrensessel bei Kaminfeuer und Smooth-Jazz. In Wahrheit gibt es kalten Früchtetee auf zu kleinen Stühlen. Im matten Schein der Leuchtstoffröhre lässt sich das schlampig weggewischte Tafelbild der Doppelstunde

Geschichte vom Vormittag erahnen. Ein Relikt der Kreide-zeit: Weimarer Rep, Ott von Bis, Pra er Fe st urz, Konrad Ade..., Helmut Ko...

Und unten links natürlich noch der obligatorische Pimmel.

Eigentlich standen für die kommenden zwei Stunden viele wichtige Themen auf der Agenda: Klassenfahrt, Mobbing, Leistungsdruck, Gruppenzwang und die Rechtschreibung der Kinder. Wenn Schüler von der Grundschule kommen, setzen sie Kommata, wo eigentlich keine hingehören. In Lehrerkreisen sagen wir: Sie fallen ins künstliche Komma. Leider kommt man nie dazu, diese Probleme zu diskutieren, weil viele den Elternabend einfach nicht ernst genug nehmen.

Herr Schröder: »Sorry für die Verspätung! Schön, dass Sie da sind, liebe Eltern, unser erster Tagesordnungspunkt ist gleich die geplante Klassenfahrt, die uns vielleicht ins wun-der-schö-ne ...«

Vater Kopernikus: »... tut mir leid, dass ich Sie unterbreche, Herr Schröder, aber bei unserem Sohn, das ist der Kopernikus, gab's in der Tigerentengruppe an der Janosch-Grundschule immer zuerst so eine Vorstellungsrunde. Ich hätte hier einen Redeball ...«

Herr Schröder: »Äh, bitte keine Ballspiele im Klassenraum.«

Mutter Birte: »... also ich fang jetzt einfach mal an, auch ohne Ball. Ich bin Frau Stock, die Mutter von der Birte, die Birte hat noch drei kleine Geschwister, und der Vater ist, hat uns einfach ... na ja, jedenfalls wollte ich fragen, ob man vielleicht die Fahrt ein paar Tage kürzer ... oder ob wir die Kosten für die Fahrt ...«

Vater Murat: »Aber natürlich!«

Vater Torben-Manuel: »Dafür ist eine Klassenkasse doch da! Und wenn wir Ihnen und Ihrer Birte sonst irgendwie helfen können ... man könnte ja auch einen Kuchenverkauf ...«

Mutter Justin: »Birte ist übrigens ein ganz entzückender Name. Kannte ich vorher gar nicht.«

Mutter Birte: »Ahh, danke schön. Und das mit dem Kuchenverkauf ist eine wunderbare Idee.«

Mutter Lisa-Marie: »Oder Muffins, die wir alle gemeinsam in der Schulküche backen ... das große Muffin-Sausen!«

Mutter Justin: »Gute Idee!«

Herr Schröder: »Es ist ja toll, dass Sie sich so gut verstehen! Aber vielleicht können wir jetzt doch erst mal das Reiseziel ...«

Vater Torben-Manuel: »Der Punkt ist doch folgender: Die Klasse ist eine Solidargemeinschaft. Und das fängt im Kleinen an.«

Mutter Anastasia: »Prima. Ich erstelle eine WhatsApp-Gruppe. Wenn Sie sich auf dieser Liste einfach ...«

Vater Kopernikus: »Gut, dass Sie es ansprechen. Ich wäre dafür, dass wir mal über die massive Smartphone-Nutzung der Kinder reden.«

Mutter Birte: »Die Birte braucht ihr Handy – damit ich sie ... äh, damit sie mich erreichen kann.«

Vater Kopernikus: »Ich bin für eine Klassenfahrt komplett ohne mobile Endgeräte ... offline im Landschulheim.«

Herr Schröder: »Das sind alles wichtige Gedanken, aber wir haben noch nicht einmal geklärt, wohin die Reise gehen soll ...«

Vater Torben-Manuel: »Die hängen doch praktisch ständig an diesen Dingern, es ist doch gar kein normales Gespräch, gar kein Dialog, wo einer dem anderen zuhört ...«

Herr Schröder: »... und wie lange überhaupt ...«

Vater Torben-Manuel: »... die Kinder müssen sich auch mal langweilen ...«

Mutter Lisa-Marie: »... und da kommen Sie ins Spiel, Herr Schröder!«

Herr Schröder: »Gut, dass Sie das erwähnen. Wer möchte sich denn eigentlich als Elternvertreter für die Klassenpflegschaft der 5a aufstellen lassen?«

Endlich Stille.

Nur ein Stuhl ächzt.

Ja, uns Lehrern fällt es leicht, die Gesichtszüge des Gegenübers mithilfe eines einzigen Wortes entgleisen zu lassen. Klassenpflegschaftsvorsitz. Im Wegducken unterscheiden sich die Eltern in nichts von den Schülern. Auch sie suchen den Weg des geringsten Widerstands.

Überhaupt sorgt das Szenario Klassenzimmer zuverlässig dafür, dass die Eltern beim Elternabend in ihre alten Rollen zurückfallen. Der Klassenclown. Der brillentragende Nerd. Die Eifrige. Die Punkerin. Der Streber mit dem Stipendium der Konrad-Adenauer-Stiftung. Wenn man diese kippelnde Meute vor sich sieht, ist es schwierig, sie von ihren Kindern zu unterscheiden. Es gibt sogar Väter, die aufzeigen und schnipsen. Übermotivierte Erziehungsberechtigte, die versuchen, Bonuspunkte für den Nachwuchs zu sammeln.

Aber nicht mit mir. Ich bin in meinen pädagogischen Grundsätzen glasklar.

Herr Schröder (monologisierend): »Ich weiß, für Sie als Eltern ist der Elternabend wie die letzte Tankstelle vor der Autobahn. Linke Spur, Lichthupe und Bleifuß. Natürlich gibt es auch Sonntagsfahrer unter Ihnen, die mit konstant 80 km/h auf der rechten Spur schleichen. Woher soll man nun wissen, wohin die Reise Ihrer Kinder in den nächsten Jahren geht? Die brüchigen Leitplanken des deutschen Schulsystems geben schon lange keine Richtung mehr vor. Ein einheitliches Tempolimit würde helfen, damit alle sicher ans Ziel kommen. Will die Politik aber nicht. Daher umso wichtiger: in Stau-Situationen immer eine Rettungsgasse bilden! Etwa für die hilfsbedürftige Mutter von Birte. Oder für unseren Justin, diese pädagogische Wanderbaustelle, dessen Zündkerzen nun wirklich nicht die hellsten im Zylinderkopf sind – und ja, auch für uns Lehrer, weil unser Navigationssystem teilweise mit alten Karten arbeitet. Manche behaupten, wir seien wie alte Dieselmotoren, und verlangen ein Fahrverbot für uns Lehrkräfte. Ich aber sage Ihnen: Es liegt ein strukturelles Problem vor! Wir brauchen ganz neue Straßen und Brücken, auf denen wir in eine leuchtende Zukunft voller Wunderbäume fahren können! Lassen Sie uns deshalb gemeinsam die Fenster runterkurbeln und das Panoramadach öffnen. Schalten wir einen Gang runter, betrachten wir die Blumen am Wegesrand und nehmen jeden Anhalter mit. Denn das Leben ist eine Reise, und egal, wie schwer der Schulrucksack auch sein mag: Unser Kofferraum bietet Platz. Wir müssen zusammenstehen. Halten Sie als Eltern nur stets die Starthilfekabel für Ihre Kinder bereit. Und machen Sie sich klar: Jeder Kreisverkehr hat eine Ausfahrt, und jede Sackgasse einen Wendehammer. Auch wenn die Spielstraße urplötzlich zum Beschleunigungsstreifen wird, dichte Nebelbänke Ihre Sicht behindern und der Beifahrersitz leer erscheint, sage ich Ihnen: Es gibt Licht am Ende des Krötentunnels.«

Aus der anfänglichen, fast andächtigen Stille war ein nervöses Gemurmel geworden. Die Eltern der 5a rutschten unruhig auf den Kinderstühlen hin und her. Zwergenaufstand der Sitzriesen.

Vater Torben-Manuel (halblaut zur Seite): »Der hat doch 'n Rad ab.«

Mutter Birte: »Herr Schröder, dürfen die Kinder jetzt auf die Klassenfahrt ihre Handys mitnehmen oder nicht? Ich habe heut' Abend auch noch was anderes vor.«

Herr Schröder: »Das Reiseziel ist doch noch überhaupt ...«

Mutter Justin: »Legoland!«

Herr Schröder: »Bei einer Klassenfahrt geht es vor allem um das Festigen der sozialen Strukturen des Klassenverbandes ... und was viele nicht wissen: Der Klassenverband befindet sich nicht im Erste-Hilfe-Kasten.«

Mutter Birte: »Herr Schröder, Sie sprechen hier von Klassenverband – und meine Birte wird tagtäglich gemobbt!«

Herr Schröder: »Mobbing steht bei mir auch ganz oben auf der Liste ...«

Vater Kopernikus: »Ach bitte, Frau Stock, Sie haben doch mit dem Mobbing angefangen, als Sie Ihre Tochter Birte genannt haben.«

Mutter Birte: »Wie bitte?«

Vater Kopernikus: »Birte ... das klingt doch fast wie Bürde ...«

Herr Schröder lacht.

Mutter Birte: »Ich bin entsetzt, Herr Schröder! Wie können Sie das zulassen? Dass ich hier vor allen Eltern ... Und dann unterstützen Sie das auch noch!«

Vater Murat: »Ruhe allesamt! Zurück zum Thema Klassenfahrt!«

Herr Schröder (immer noch kichernd): »Ach, schade. Was sollen die Kinder denn einpacken? Birtenstocks?«

Vereinzeltes Gelächter. Frau Stock setzt zum Gehen an.

Mutter Birte: »Ich fasse es nicht, Herr Schröder! Ich werde ein Disziplinarverfahren gegen Sie erwirken. Langsam wird mir klar, warum Birte so viele Probleme in dieser Klasse hat. Der größte Bully sind Sie.«

Mutter Lisa-Marie: »Jetzt beruhigen wir uns doch erst mal alle wieder.«

Mutter Birte (zu Vater Kopernikus): »Sie sollten sich außerdem komplett zurückhalten! Kopernikus? So heißen Himmelskörper und keine verpickelten Kinder mit Lernbehinderung.«

Vater Kopernikus: »Er ist nach seinem Opa benannt.«

Mutter Birte: »Warum heißt er dann nicht Adolf?«

Rückblickend kann ich sagen: Wenn ein Elternabend gut läuft, darf man sich als Lehrer auch mal entspannt zurücklehnen und das Geschehen wie ein Regisseur beobachten: Klappe und Action. Die Szenerie ist ausgeleuchtet, und die Darsteller kennen ihre Rollentexte halbwegs. Schon beginnt die Soap: Schlechte Zeiten, schlechte Zeiten. Herrlich.

Und wenn ein Elternabend richtig gut läuft, so wie der damals, braucht es sogar nur einen Take, ohne Probe und Schnitt. Keine Nachbearbeitung nötig. *Scripted Reality at its best.* Happy End inklusive.

Birte und Kopernikus haben zum nächsten Schuljahr die Schule gewechselt.

Kapitel 12 🖉

Mailand oder Madrid, Hauptsache WLAN – die Studienfahrt

Die Studienfahrt am Ende der 10. Klasse markiert den absoluten Höhepunkt in der Schullaufbahn der Sekundarstufe I. Die Schülerinnen und Schüler freuen sich darauf, all jene Orte, von denen sie im Unterricht bisher nur gehört haben, endlich einmal hautnah zu erleben. Raus aus dem muffigen Klassenzimmer, hinein in das Auditorium der Wirklichkeit. Wie soll die Klasse die Unabhängigkeitsbestrebungen der Katalanen begreifen, wenn sie nie die Spanische Treppe bestiegen hat? Was nützt die Taube auf dem Dach, wenn wir Eulen nach Neapel tragen können? Verstehen wir die Französische Revolution, ohne den Duft des Prager Frühlings je geatmet zu haben? So wie Kleopatra einst Rom anzündete, so kann auch heute noch die reale Kulisse einer geschichtsträchtigen Kulturstätte das flammende Interesse der jungen Sprösslinge entfachen.

Umso mehr bin ich natürlich tief bewegt, dass das einstimmige Wunschziel meiner 10a lautet: Amsterdam.

Sofort habe ich überlegt, was die Schüler zu dieser Entscheidung bewogen haben mag.

Ist es vielleicht die Van-Gogh-Sammlung?

Die Rembrandt-Dauerausstellung?

Oder gar: das Anne-Frank-Haus?

Wie dem auch sei, es geht in die tulpenumsäumte Hafenstadt an der Amstel – und zwar alle Mann! Oder, um es genderneutral zu formulieren: He / She / It, alle fahren mit!

Um neun Uhr morgens treffen wir uns auf dem Schulparkplatz. Busfahrer Hans-Jürgen raucht noch eine, und die Eltern verabschieden ihre Kinder. Der Trennungsschmerz ist relativ einseitig. Die Mutter von Torben-Manuel hat ihm mit Bärchenwurst einen traurigen Smiley auf die Dinkelsemmel gezaubert. Bereits vor der Abfahrt ist die Ration vertilgt.

Jeder erfahrene Pädagoge muss nur einen Blick auf die Sitzreihenverteilung werfen, um das Klassengefüge einschätzen zu können. Direkt hinter dem Fahrer finden wir jene Schüler, die sich während der Fahrt nach Details der Streckenführung erkundigen und ohne Kontext alle Planeten des Sonnensystems aufzählen, von Pluto bis Uterus. Im gleißenden Sonnenlicht reflektiert das Plastiksichtfenster ihrer speckigen Brustbeutel mit den Gläsern ihrer Hochdioptrien-Brillen um die Wette. Die vor ihnen aufgeklappten Tupperdosen beinhalten alles, was man für eine ausgewogene Ernährung und eine gehörige Portion Spott aus den hinteren Reihen braucht.

In der Mitte des Busses sitzen die Pferdemädchen. Sie flechten sich gegenseitig die Haare und spielen auf ihrem

Collegeblock vegane Käsekästchen. Mit Bibi und Tina wollen sie offiziell nicht mehr in Verbindung gebracht werden, dennoch haben sie ihre Bussitze Amadeus und Sabrina getauft.

Kaum einsehbar für das ungeübte Auge sind die letzten fünf Reihen. Nicht nur durch die Distanz zum Platz des Lehrers vorne beim Busfahrer, sondern auch durch den dichten Shisha-Qualm und den Sichtschutzwall aus gestapelten Pringles-Dosen, Monster-Energy-Drinks und Schalen von Sonnenblumenkernen. Für die akustische Abgrenzung sorgen drei unabhängig voneinander geschaltete Bluetooth-Lautsprecher. Hierhin traut man sich als Lehrer nur mit dem Longboard unter dem Arm.

Bald schon biegt der Bus auf die Autobahn ab. Torben-Manuel nimmt seine Reisetablette, Anastasia und Lisa-Marie prüfen noch mal ihre Anschnallgurte, und die letzten Reihen machen eine Insta-Story und skandieren: »Scheiß drauf, Malle ist nur einmal im Jahr!« Als sich die Stimmung auf Reiseflughöhe befindet, wird es Zeit für meine erste Ansprache über das Bordmikrofon.

Herr Schröder: »Haaaallo? *(quietsch)* Ist das an? Könnt ihr mich hören?«

Justin: »Ja, leider!«

Herr Schröder: »So, Kinder. Wie ihr seht, befinden wir uns bereits auf direktem Wege ...«

Murat: »Langweilig!«

Herr Schröder: »Schon Schiller sagte ja, Reisen bildet!«

Anastasia: »Goethe.«

Herr Schröder: »Und wusstet ihr, dass das englische *to travel* und das französische *travailler*, also arbeiten, den gleichen Wortursprung haben? Damals war Reisen nämlich noch Arbeit! Und wollen wir nicht an dieser Stelle alle mal mit einem warmen Applaus dem Hans-Jürgen am Steuer danken, dass er uns so sicher und komfortabel ans Ziel bringt?«

Keine Reaktion. Nur Murat schafft es, seiner Dankbarkeit Ausdruck zu verleihen.

Murat (ironisch): »Den Hans-Jörg ist 1 Ehrenmann.«

Herr Schröder: »Alles klar, Kinder. Amsterdam! Erster Programmpunkt morgen: das Anne-Frank-Haus. Hier hat sich Anne Frank vor den Nazis versteckt, bis sie dann 1944 tragischerweise gefunden wurde.«

Justin: »Kein Wunder haben die die gefunden. Wenn das schon Anne-Frank-Haus heißt ...«

Herr Schröder: »Justin! Wir haben ja ihr Tagebuch im Unterricht gelesen.«

Justin: »Also ich hab's nicht gelesen.«

Anastasia: »Anders als der voyeuristische Mainstream respektieren wir die Privatsphäre von Anne Frank. Wer Tagebücher von anderen liest, ist krank.«

Herr Schröder (hüstelnd): »Übermorgen wird super. Da gehen wir in die Ausstellung des berühmtesten holländischen Malers. Der Erfinder des Selfies. Preisfrage: Wie heißt er?«

Keine Reaktion.

Herr Schröder: »Ich meine van Gogh.«

Justin: »Kennen wir nicht.«

Herr Schröder (witzelnd): »Wisst ihr nicht mehr, über den hab ich euch doch die letzten drei Unterrichtsstunden ein Ohr abgekaut ...«

Murat: »Herr Schröder, Deal! Wir gehen mit Ihnen zu diesem Keinohrhasen, und Sie gehen mit uns Coffeeshop.«

Herr Schröder: »Coffeeshop? Klar, gerne!«

Murat: »Çüüüüüüüüüüüüüs!«

Sprechchöre: »Schrö-der! Schrö-der! Schrö-der!«

Herr Schröder: »Ich sag nur: Lehrer des Jahres. Auf welchen Coffeeshop habt ihr Bock? Starbucks oder Backwerk?«

Torben-Manuel: »Herr Schröder, die meinen Gras.«

Herr Schröder: »Günter Grass?«

Justin: »Nee, Dope. Shit. Weed.«

Herr Schröder: »Ah, Synonyme, ein sehr gutes Thema für ein Impulsreferat. Fallen euch weitere Begriffe ein?«

Anastasia: »Marihuana.«

Torben-Manuel: »Schwarzer Tschetschene.«

Die Klasse lacht.

Justin: »Friss weiter dein Kohlrabi, du Opfer.«

Angekommen in Amsterdam, stürmen die Teenager in die Jugendherberge. Nachdem alle Zimmer bezogen wurden, mache ich den ersten Rundgang. Binnen kürzester Zeit wurde das neutrale Territorium der Jugendherberge zu einem adoleszenten Feuchtbiotop, wo die Organismen flechtenartig Besitz von ihrer Umgebung ergriffen haben.

Erster Halt: die *Casa del Justin*. Als ich das Zimmer betrete, muss ich mich erst mal durch eine Wolke Billig-Deo kämpfen. »Leute, seid vorsichtig mit dem vielen Deo. Wenn ihr nachher heimlich raucht, explodiert hier alles.« »Herr Schröder, wer raucht denn noch? Wir vapen alle«, entgegnet mir Justin, der, während er das sagt, Klimmzüge an einem Dachbalken macht. Er stemmt sich noch ein letztes Mal hoch, holt Schwung, springt mit einem Satz direkt vor mich, drückt seine Brust nach vorne und ruft: »Bäm!« Dann dreht er sich weg und imitiert Schattenboxen. Ich krempele die Ärmel hoch.

Herr Schröder: »So, Kinder, wenn ich in fünf Minuten noch mal komme, ist das Bett gemacht. Und lüftet mal, es riecht hier ja wie bei Patrick Süskind unterm Arm.«

Murat kommt aus dem Badezimmer, das Gesicht voller Rasierschaum.

Herr Schröder: »Übrigens, um 20 Uhr ist Treffpunkt im Foyer.«

Justin: »Wo?«

Murat: »Eingangshalle.«

Weiter geht's. Direkt vorm Nachbarzimmer begrüßen mich eine Fußmatte und zwei Gartenzwerge: Der Strebergarten. Zutritt zum Zimmer erhält nur, wer einen Logarithmus korrekt anwenden kann. Das gilt natürlich nicht für mich. Im Zimmer haben die Schüler ihre jeweiligen Intimsphären mit Gaffa Tape abgeklebt. Die Betten sind mit dem Geodreieck gemacht. Torben-Manuel besteht auf seiner mitgebrachten Bayern-München-Bettwäsche, muss sich aber ohnehin keine Sorgen machen, dass sich jemals eine Mitschülerin in seinen Strafraum verirren könnte. Auf einem kleinen Kreide-Täfelchen neben der Zimmertür sind Putz- und Aufsichtsdienste sowie Ruhezeiten notiert. Der Süßigkeiten-Vorrat gleicht in Ordnung und Struktur einem kleinen Lebensmittelladen und könnte bei einem drohenden Atomkrieg das Überleben der ganzen Klasse für mindestens fünf Tage sichern.

Herr Schröder: »Leute, wir treffen uns um 20 Uhr in der Eingangshalle.«

Torben-Manuel: »Sie meinen im Vestibül?«

Das nächste Zimmer, der *Beauty-Palace*, liegt zwar räumlich unmittelbar neben dem Strebergarten, könnte entwicklungspsychologisch allerdings kaum weiter entfernt sein. Es ist Schauplatz der größten vorstellbaren Dramen emotionaler Art: erbarmungswürdiges Leid und enthusiasmierte Freude liegen nur einen Links- oder Rechtswisch voneinander entfernt. Es gibt immer mindestens *ein* Mädchen, das unmittelbar davor ist abzureisen. Heißeste Kandidatin dafür ist Lisa-Marie. Sie hat Jacke und Schal bisher noch nicht für eine Sekunde abgelegt. Um sie herum: eine Gruppe engagierter Hobby-Psychologinnen mit aufgesetzter Leidensmiene. Alles erscheint unfassbar ernst und existentiell, ständig steht das Zimmer knöcheltief im Schicksalssud. Gerade wischt sich Lisa-Marie die Mascara-Tränen aus dem Gesicht und schluchzt laut: »Dieser Wichser ...«

Zeit für mich, die Situation zu beruhigen.

Herr Schröder: »Klopf, klopf, entschuldigt die Störung, mega sorry, wollte nur kurz was durchgeben, auf rein informativer Basis, mal kurz connecten und so, ja?«

Anastasia: »Wie kann man nur so unsensibel sein, sehen Sie denn nicht, dass es Lisa-Marie gerade megaschlecht geht?!«

Herr Schröder: »Okay, gut ... dann bis gleich, meine Damen, 20 Uhr im Vestibül!«

Anastasia (schreit hinter Schröder her): »Unten?«

Herr Schröder: »Genau.«

Drei Tage später. Langsam neigt sich unsere Studienfahrt dem Ende zu.

Natürlich ließ sich der ein oder andere kleine Zwischenfall nicht vermeiden: Der verkaterte Murat entleerte seinen Mageninhalt bei einer Grachtenrundfahrt in die Amstel. Zum Glück ließ sich unsere Sorge, Justin im Anne-Frank-

Haus verloren zu haben, schnell aufklären, als ihn ein Aufseher zu uns zurückbrachte. Justin, dessen Pupillen merkwürdig groß wirkten, verteidigte sich mit dem schwachen Argument, er habe sich vor den Nazis verstecken wollen.

Außerdem gelangten Torben-Manuel und seine Zimmergenossen aus dem Strebergarten rhetorisch an ihre Grenzen, als sie im Amsterdamer Rotlicht-Milieu mit einem zwei Meter großen Zuhälter in Streit gerieten. Sie hatten vor den illuminierten Kabinen Gruppenbilder mit Damen gemacht, und der übellaunige Hüne war ihren Ich-Botschaften aus dem Streitschlichter-Seminar gegenüber nicht besonders aufgeschlossen. Torben-Manuels Argumentationsansatz – »Vielen Dank für Ihre Erläuterungen, aber wir haben das Gefühl, dass es auch ein Stück weit unsere Sache ist, was wir hier fotografieren wollen« – hatte ebenfalls nicht zur Entspannung der Gemüter beigetragen. Wir konnten gerade noch dazwischengehen, bevor der McFit-Pimp seine Fingerfertigkeit am Butterfly-Messer unter Beweis stellen konnte.

Nun fiebern alle dem Höhepunkt der Studienfahrt entgegen: der Abschluss-Party. Die Suche nach einem würdigen Rahmen soll unter basisdemokratischen Bedingungen ablaufen. Eine ausgesprochene Herkulesaufgabe, denn selbst innerhalb der verschiedenen Lager herrscht Uneinigkeit. Seitens des Strebergartens werden Lasertag und UNO-Turnier ins Feld geführt. Die *Casa del Justin* hat ganz andere Pläne: Murat hat auf einem Plakat die Werbung für eine 99-Cent-R'n'B-Party entdeckt und ist Feuer und Flamme. Der *Beauty-Palace* kann sich überhaupt nicht auf ein Ziel einigen, ist aber kollektiv entschlossen, alle Vorschläge der anderen blöd zu finden.

Kurz gesagt: Die Situation ist leicht angespannt. Doch als erfahrener Pädagoge habe ich wie immer einen guten Kompromiss zur Hand: Ich schlage vor, das Licht im Hobbykeller der Jugendherberge zu dimmen, Musik aufzulegen und Karten zu spielen.

So einig wie in der Ablehnung dieses Vorschlags ist sich die 10a zuvor noch nie gewesen.

Schlussendlich fällt die Entscheidung dann doch auf die 99-Cent-Party. Der Rapper 99 Cent ist mir ja auch nicht unbekannt. Schon zu D-Mark-Zeiten habe ich zu seinen Beats getanzt.

Die Großraum-Disco »Walpurgis« befindet sich viel weiter von unserer Jugendherberge entfernt, als Murat in seinem Enthusiasmus behauptet hat. Die High Heels der herausgeputzten Party-Girls sind nicht geeignet für einen zweieinhalb Kilometer langen Gewaltmarsch entlang eines schlecht beleuchteten Bahndamms im Industriehafen von Amsterdam. Als wir nach anderthalb Stunden Wartezeit in der Schlange endlich den Club betreten dürfen, sind jedoch alle Strapazen vergessen. Meine letzten Worte, bevor sich jeder auf seine Weise ins Getümmel stürzt: »In drei Stunden an der Konfetti-Kanone.« Die Teenager rennen los. »Und keine Drogen!« Aber da sind sie schon weg.

Ich suche mir einen Platz an der Bar, lehne mich lässig an den Tresen und bestelle eine Apfelschorle ohne Eis. Das bunte Treiben der Partymeute betrachte ich mit einem milden Lächeln. Eng umschlungene Paare, umherwirbelnde Gliedmaßen und Freude in den jungen Gesichtern. Erfrischend, wie sich die Feierwütigen ihrer Vitalität erfreuen. Wie sie sich selbstvergessen dem Taumel der Nacht hingeben und ihre Leiber zu den pulsierenden Bässen rhythmisch bewegen.

Mir kommt spontan ein Goethe-Zitat:

Ich höre schon des Dorfs Getümmel,
Hier ist des Volkes wahrer Himmel,
Zufrieden jauchzet Groß und Klein,
Hier bin ich Mensch, hier darf ich's sein.

Kein Zweifel, die Überhöhung des Augenblicks ist in jeder Faser spürbar. Pathos: für die einen ein Ziegenkäse, für die anderen ein Lebensgefühl. Ich nippe an meiner Apfelschorle und rezitiere leise weiter:

Oh glücklich, wer noch hoffen kann, aus diesem Meer des Irrtums aufzutauchen.

Damals in meiner Studentenzeit habe ich ja auch nichts anbrennen lassen und jedes Wochenende eine flinke Sohle aufs Parkett gelegt. Teilweise sogar bis halb eins in der Nacht. Auf den Tanzflächen dieser Republik nannte man mich nur den Strobo-Cop.

Ich merke plötzlich, wie mein Fuß zu wippen beginnt. Ich ziehe meine Jacke aus und lege sie über den Stuhl neben mir. Aus der Innentasche fällt mein Portemonnaie zu Boden. Ich bücke mich, um es aufzuheben, und als ich mich wieder aufrichte, wird mir kurz schwindelig.

Ihr naht euch wieder, schwankende Gestalten.

Plötzlich huschen Torben-Manuel und seine Freunde an mir vorbei. »Hallo, Herr Schröder!« Ich will antworten, doch ich kann nur noch die in der tanzenden Menge verschwindenden Brustbeutel erkennen. Ich setze mich mühsam wieder hin, greife nach meinem Glas und nehme einen großen Schluck. Der wippende Fuß strahlt langsam auf den Oberschenkel und die Hüfte aus. Interessant, wie das Körpergedächtnis die in den 1990er Jahren erlernte Choreografie ganz automatisch wiedererweckt.

»Excuse me.« Eine zarte Frauenstimme dringt an mein Ohr. Vor mir steht eine junge Dame mit asymmetrischem Ponyschnitt. Sie fragt, ob der zweite Stuhl noch frei sei, und setzt sich, ohne meine Antwort abzuwarten. Stilvoll zündet sie sich eine Zigarette an. Ich höre mich sagen: »I don't think you're allowed to smoke in here. Hier ist eigentlich Nichtraucher …« Sie schlägt die Beine übereinander und lacht nur. »German?« Ich trinke meine Schorle aus und nicke: »German teacher.« Dann rufe ich dem Barmann zu: »Schankwirt, bring er uns zwei Becher von dem *Saft, der eilig trunken macht.*«

Ich öffne den oberen Knopf meines Hemdes und versuche die Musik zu übertönen: »Warm here, isn't it?« Sie ascht ab und fragt: »Heinrich, wie hältst du es mit der Religion?« Ich stocke. »Excuse me?« Die Brustbeutel laufen schon wieder vorbei: »Herr Schröder, mit wem reden Sie da?« Ich rufe: »*Gleich mach ich ihrer Bluse Falten, bedenkt, ich habe weiches Holz zu spalten!*«

Die Jungs schauen mich irritiert an und verschwinden. Plötzlich rutscht mir das Glas aus der Hand. Die junge Dame greift nach meinem Arm, trotzdem taumele ich rückwärts in die Menge. Mir ist, als fiele ich ins Bodenlose.

Doch die warmen Körper halten mich. Umfangen von der embryonalen Wärme des Mutterleibs werden wir im Strudel der Musik zu einem Organismus.

Eine Legierung aus Schweiß, Lust und Liebe.

Ein Kokon der Harmonie.

Voller Inbrunst brülle ich: »*Ficken!*«

Plötzlich geht die Musik aus und das Licht an.

Die Menschen, die eben noch ekstatisch getanzt haben, stehen nun in ihren ausgelatschten Sneakern auf verklebtem Boden und lassen die Schultern hängen. Alle halten einen Sicherheitsabstand von zwei Metern zu mir. Das Putzlicht blendet mich. Ich stehe keuchend auf und versuche meine Schüler ausfindig zu machen. Ein paar Jungs der 10a kommen und schauen mich besorgt an.

Murat: »Herr Schröder, wissen Sie eigentlich, wie spät es ist?«

Herr Schröder (lallend): »*Allwissend bin ich nicht, doch viel ist mir bewusst.*«

Torben-Manuel: »*Mich dünkt, der Alte spricht im Fieber.*«

Justin: »Halt die Fresse, im Ernst, ich glaub, dem hat jemand was ins Glas getan.«

Er stützt mich von der Seite. Murat kommt dazu, und die beiden schieben mich gen Ausgang. Anastasia und Lisa-Marie trommeln die restlichen Schüler zusammen.

Draußen an der frischen Luft wird mein Kopf langsam wieder klar. Justin legt mir meine Jacke über die Schultern. Ich drehe mich um und betrachte die zerfeierten Gestalten, die aus dem »Walpurgis« ins Freie strömen.

Torben-Manuel: »Herr Schröder, mit wem haben Sie eigentlich da an der Bar gesprochen?«

Herr Schröder: »Eine interessante junge Dame. Sie hatte sich neben mich gesetzt.«

Torben-Manuel: »Herr Schröder, da saß niemand neben Ihnen.«

Tag der Rückfahrt. Busfahrer Hans-Jürgen steht neben dem Bus und raucht noch eine. Alle sehen etwas übermüdet aus, soweit ich das beurteilen kann. Ich nehme eine Ibu 800 und zähle noch mal durch. Nach drei Anläufen habe ich es geschafft. Nachdem wir alle vollständig sind, begeben wir uns langsam auf die Plätze. Die Rückfahrt läuft wesentlich ruhiger ab als die Hinfahrt. Kurz bevor wir die HFG erreichen, nehme ich das Bordmikrofon ein letztes Mal in die Hand.

Herr Schröder: »So, Kinder. Turbulente Tage liegen hinter uns. Ich glaube, jeder von uns hat einen großen Koffer voller Erinnerungen im Gepäck. Ähm, Murat, könntest du Justin bitte sagen, dass er mal kurz die Kopfhörer rausnehmen soll? Danke. Also. Ich bin total happy darüber zu sehen, wie eigenständig ihr geworden seid und wie ihr mich eigentlich gar nicht mehr braucht.«

Justin: »Ja, aber Sie brauchen uns!«

Alle lachen.

Murat: »Genau. Wenn Sie wieder im Vollsuff ›ficken‹ schreien!«

Herr Schröder: »Ja, gut, dass ihr das ansprecht, Leute. Noch mal ganz kurz zu gestern Abend. Also, da hat mir irgendjemand was in die Apfelschorle gemischt.«

Justin: »Als ob!«

Der Bus biegt auf den Schulparkplatz.
Die Eltern stehen in freudiger Erwartung vor dem Haupteingang.

Herr Schröder: »Nein, wirklich, Justin. Und es wäre auch super, wenn ...«

Der Bus hält. Die Schüler schauen mich an.

Herr Schröder: »Ihr könnt so stolz sein auf eure Klassengemeinschaft, zu der ich ja auch irgendwo gehöre. Vertrauen, Zusammenhalt, Loyalität, einer für alle, alle für einen: Das ist das Fundament für jegliche zwischenmenschliche ... was sich bei euch in den wenigen Tagen entwickelt hat ...«

Anastasia: »Wir sollen Kommissar Plömsgens nichts sagen, richtig?«

Herr Schröder: »Ja, das wär' super.«

Zischend öffnen sich die Bustüren.

Kapitel 13 ✏

Eltern auf WhatsApp –
das Niveau hat die Gruppe verlassen

Es ist nicht so, dass ein von einer physisch und psychisch fordernden Studienfahrt erschöpfter Lehrkörper in den darauffolgenden Arbeitstagen eine gewisse Schonfrist genießt. Im Gegenteil. Kaum sind die Koffer ausgepackt, stehen schon die nächsten Termine an: Feste, Sprechtage, Aufführungen, Konferenzen, Ausflüge. Am Ende des Schuljahres jagt ein Highlight das nächste.

Diese Woche: das alljährliche Schulhoffest.

Wie immer laufen im Vorfeld die hauswirtschaftlich ambitionierten HFG-Eltern zu Hochtouren auf. Wer macht den besten badischen Wurstsalat, welche Tupperware hält länger frisch, und kann man dem neuen lokalen Party-Service »Die Auftragsgriller« wirklich vertrauen?

Noch wichtiger als das Essen sind die anstehenden Deko-Entscheidungen. Stehtische mit oder ohne Husse, die Servietten in den Farben des Schullogos und Windlichter in Zylinderform oder mit quadratischer Grundfläche? Für die Klärung dieser und die Schaffung weiterer Fragen wurde eine WhatsApp-Gruppe gegründet. Gegenwärtig umfasst die Gruppe 105 Mitglieder: die Elternvertreter jeder Klasse samt Stellvertreter, die Schulleitung sowie viele Freiwillige.

Mutter Anastasia: »Ein fröhliches Hallo in die Runde!«

Mutter Lisa-Marie: »Die Aufregung steigt! Viel Zeit ist nicht mehr.«

Vater Justin hat die Gruppe verlassen.
Klausmeister hat die Gruppe verlassen.

Mutter Saskia: »Wer macht denn alles Salat? Damit es keine Dopplungen gibt.«

Mutter Justin: »Wollte ich auch grade fragen.«

Mutter Anastasia: »@Mutter Saskia: Meinst du Blattsalat? ... weil ich könnte Quinoa-Salat machen. Ist das überhaupt Salat im klassischen Sinn?«

Herr Schröder: »Salat kommt von insalare: einsalzen. Also alles Eingesalzene ist streng genommen Salat.«

Mutter Lisa-Marie: »@Mutter Anastasia: Ich liiiieeeebe deinen Quinoa-Salat. Bitte mach den nur für uns. Vergiss die Kinder ... hahaha ☺«

Herr Schröder schreibt ...

Kommissar Plömsgens hat Klausmeister zur Gruppe hinzugefügt.

Klausmeister: »:/«

Herr Schröder: »Salat kann auch metaphorisch verwendet werden, im Sinne von ›Durcheinander, Wirrwarr, Unordnung‹: z. B. ›Da haben wir den Salat‹.«

Mutter Saskia: »Hahaha, genau, wir veranstalten ein Schulhof-Fest nur für uns, ohne Kinder und ohne Männer!!! ♀«

Herr Schröder schreibt …

Mutter Lisa-Marie: »Sind eigentlich noch mehr Lehrer in der Gruppe? Ich dachte, die Gruppe ist nur für Eltern. Just asking.«

Herr Schröder schreibt …

Trillerpfeifen-Theo: »Der Chat ist für alle freiwilligen Helfer! Wie wär's dieses Jahr mit einer leckeren vegetarischen Sportskanone statt fettigem Gulasch? ☺ 🏏«

Herr Schröder schreibt …

Mutter Anastasia: »@trillerpfeifen-Theo: <3«

Zeit-Axel: »Kleiner als drei?«

Herr Schröder: »Ohne Männer???«

Mutter Anastasia: »Noch mal wegen der Salate. Auf der Liste stehen bisher: Endivien, Mozzarella, Spinat, Kopf-salat.«

Herr Schröder schreibt ...

Vater Murat: »Es wäre toll, wenn sich dieses Jahr beim Auf- und Abbau auch mal andere Lehrer und Eltern be-teiligen würden als ›die üblichen Verdächtigen‹.«

Herr Schröder schreibt ...

Kuschel-Ursel: »Seit der Diagnose darf ich nicht mehr schwer heben.«

Klausmeister hat das Gruppenbild geändert.

Herr Schröder: »Spinat gehört nicht zu den klassischen Salatpflanzen. Unbedingt abkochen. Wegen der Oxal-säure.«

Da wir uns wegen der Salate schlussendlich nicht einigen konnten, entschied die Gruppe sich für etwas ganz Klas-sisches: Waffeln. Aber mit Toppings. Smarties, Eszet-Schnitten, holländische Schokostreusel, Puderzucker.

Oder mit Sahne das diesjährige Abi-Motto draufgesprüht: *HABIBI – hab Abi!*

Und dann findet es endlich statt: das legendäre Sommerfest der HFG.

Kapitel 14 ✎

Nudelsalate haben wir genug – das Schulfest

Freitag, 13:00 Uhr. Vielleicht war es nicht die beste Idee, die Biergarnituren auf der leicht abschüssigen Rasenfläche neben dem Hauptgebäude zu platzieren. Zumal es morgens geregnet hat. Aber Zeit-Axel hat uns versichert, dass das der einzige Niederschlag des Tages bleiben wird. Ärgerlicherweise hatte man es letztes Jahr versäumt, die klebrigen Bierbänke zu reinigen, nachdem es ein kleines Malheur mit der Erdbeerbowle und einem wildgewordenen Segway gegeben hatte. Das hat einen klaren Vorteil: Egal wie langweilig es auch wird – sobald die Leute sitzen, kommen sie nicht mehr weg.

Der Waffelstand befindet sich unter einer vergilbten Pagode. Beim Aufbau hat sich der Klausmeister an seinem einzigen verbliebenen Zeigefinger verletzt und ist dementsprechend übellaunig und außerdem leicht angetrunken. Die zehn parallel geschalteten Waffeleisen laufen über fünf XLR-Schuko-Peitschen in eine vierfach isolierte Induktionsdoppelspule, die über drei Kabeltrommeln in eine

Steckdose im Klassenzimmer der 6b führt (seine Worte). Auf unsere besorgte Nachfrage versichert er, dass die Konstruktion sicherheitstechnisch völlig unbedenklich sei. Auch der nasse Rasen bereitet ihm keine Sorgen. Er meint nur: »Machen wir immer so« und nimmt einen großen Schluck aus seinem Flachmann.

13:30 Uhr. Die Sicherung fliegt raus.

13:45 Uhr. Programmpunkt 1: Kinderschminken

Direkt neben der Pagode hat sich die Mutter von Lisa-Marie eingerichtet. Sie hat ihre Schminkutensilien mitgebracht und zaubert den Kindern farbenfrohe Schmetterlinge, raffgierige Leoparden oder Spiderman-Masken ins Gesicht. Der kleine Marvin hat sich bereits in einen Kürbis verwandelt, und diverse Harry Potters laufen aufgeregt zwischen den Ständen hin und her. Ich schwanke noch zwischen Totenkopf und Marienkäfer.

13:49 Uhr. Die Sicherung fliegt raus.

14:00 Uhr. Programmpunkt 2: Ponyreiten

Schirmherr dieser Aktion ist der Klausmeister. Er hat auf dem Schulhof neben den Tischtennisplatten eine große Fläche mit Sägespänen bestreut. Der Andrang ist groß. Jedes Kind will unbedingt eine Runde drehen. Allerdings sehen die Ponys etwas seltsam aus. Klausmeister hat für sich behalten, woher die Tiere kommen. Er ist früh morgens mit einem dunkelgrünen Transporter mit unbekanntem Länderkennzeichen auf dem Schulhof vorgefahren und hat sie abgeladen. Eins sieht aus wie ein chilenisches Alpaka, ein anderes wie ein Maultier. Und ich meine auch eine Dänische Dogge entdeckt zu haben.

14:30 Uhr. Die Sicherung fliegt raus. Bislang hat noch niemand eine einzige Waffel gegessen. Die Kassenwarte Murat und Torben-Manuel stehen einsatzbereit, aber unbeschäftigt an der Bon-Ausgabe. Trillerpfeifen-Theo regt an, Pizza zu bestellen. Ich stelle einen Feuerlöscher neben die Pagode.

14:37 Uhr. Kuschel-Ursel meint, sie hätte die Dänische Dogge an den Mülltonnen gesehen. Laminier-Lara lobt meine Spiderman-Maske.

14:49 Uhr. Programmpunkt 3: Die Open-Air-Showbühne wird eröffnet. Die Breakdance-AG bringt das Publikum mit Headspins und Salti zum Staunen. Nur Anastasia hat keine rechte Freude an der Darbietung. »Mama, voll peinlich, was machst du in der Breakdance-AG?«

15:04 Uhr. Es beginnt zu nieseln. Unter der Waffel-Pagode wird sofort ein Krisenstab einberufen. Soll man das Fest abbrechen? Der Klausmeister meint, das bisschen Wasser würde man in seiner Heimat noch nicht Regen nennen. Die Tiere sind jedoch anderer Ansicht und suchen Schutz im Schulgebäude. Unter der Pagode entbrennt indes ein Streit im Cateringteam. Der Vater von Max meint, dass Kartoffelsalat aus dem Eimer mit kalten Wienern die eindeutig bessere Idee gewesen wäre, da unplugged, und verleiht seinem Unmut Ausdruck, indem er der Mutter von Marvin eine Handvoll Waffelteig ins Gesicht wirft. Das lenkt natürlich die Aufmerksamkeit des Publikums von der Showbühne ab, und so spielt die Pantomimen-Gruppe – Marvin und Max in einer modernen Version von »Peter und der Wolf« – leider vor leeren Plätzen.

15:18 Uhr. Die Sicherung fliegt raus. Das Maultier hat die Kabel angeknabbert und ist seitdem spurlos verschwunden. Immerhin hat der Regen nachgelassen.

15:37 Uhr. Es beginnt erneut zu regnen. Jetzt allerdings heftiger. Klausmeister spannt sich einen Regenschirm auf. Der Elternbeirat erklärt das Fest für beendet, und die Lehrer ziehen sich mit den Rotweinvorräten in die Cafeteria zurück. Marvin kommt zu mir und fragt mich, ob die Tiere ab jetzt den Unterricht leiten würden, bei ihnen hätte er ja vielleicht höhere Chancen auf die noch immer fehlende Fleißbiene. Ich zucke mit den Schultern. Durch den Regen läuft mir die Spiderman-Maske das Gesicht runter.

16:11 Uhr. »Wenigstens sind die Bierbänke jetzt mal richtig sauber«, sagt der Vater von Murat, während wir gemeinsam eine aufgeweichte Tischdecke zusammenfalten. Die Regenwolken sind weg, und die Sonne scheint. »Ist echt 'ne Frechheit, dass immer dieselben am Ende alles wegräumen«, fügt er hinzu. »Wieso dieselben?«, erwidere ich, »ich hab die letzten Jahre doch noch nie mitgeholfen.«

Der Klausmeister schiebt die schwarze Tonne an die Pagode und schmeißt fluchend die Waffeleisen samt der Stromkonstruktion hinein. »Alles nass. Kann ich nicht mal mehr bei eBay-Kleinanzeigen reinsetzen.« Mittlerweile hat auch die Pantomimen-Gruppe bemerkt, dass das Schulfest vorbei ist. Max tritt nach vorne und verbeugt sich vor den leeren Sitzreihen. Nur ein einziger Zuschauer steht inmitten des ausgestorbenen Schulhofs und schaut den verkleideten Wolf mit großen, staunenden Augen an.

Es ist das chilenische Alpaka.

Kapitel 15 ✏️

»Ich bin ein Berliner« – Biografisches

Ich kann mir nicht helfen, aber seit Wochen beschleicht mich das Gefühl, dass mein Wahlkampf trotz ausgeklügelter Onlinestrategie nicht recht in Schwung kommt. Vielleicht habe ich meinen Wählerinnen und Wählern noch nicht genug von mir erzählt. Nicht genügend Emotionen erzeugt. Das muss ich ändern. Denn bis zur Wahl ist es nicht mehr lange hin.

Montag, dritte Stunde. In der 10a werden mir neunundzwanzig gähnende Schlünder entgegengereckt. Intellektuelle Fütterungszeit.

Herr Schröder: »So, ihr Schläfer. Heute geht's um *Effi Briest*. *Effi Briest* wurde geschrieben von einem berühmten Adligen aus dem Berliner Umland: Theodor von Tane.«

Ich lache. Die Schüler rutschen tiefer in die Stühle.

Herr Schröder: »Kommen wir erst mal zur Biografie des Autors. Seine Heimat hat seine Kunst immer stark beeinflusst.«

Murat (meldet sich): »Herr Schröder, kommen Sie nicht auch aus Berlin?«

Ich lächle verlegen.

Herr Schröder: »Ja, Murat, aber um mich soll es heute nicht gehen. Theodor Fontane hat unzählige wichtige Werke verfasst: ›Wanderungen durch die Mark Brandenburg‹ zum Beispiel, oder die Ballade ›Herr von Ribbeck auf Ribbeck im Havelland‹ ... Ein Birnenbaum in seinem Garten stand ...«

Die Schüler stöhnen auf.

Murat (schmeichelnd): »Herr Schröder, wir wollen viel lieber wissen, wie Berlin *Sie* beeinflusst hat.«

Alle (jubelnd durcheinander): »Jaaaa! – Hatten Sie auch einen Birnenbaum im Garten? – Erzählen Sie von Berlin! – Ist das Berghain wirklich so krass?«

Herr Schröder (dreht erfreut seinen Stuhl um 180 Grad und setzt sich): »Ach Kinder. Wollt ihr wirklich die langweilige Biografie eures Deutschlehrers hören?«

Anastasia (murmelnd): »Immer noch besser als Ihr Unterricht.«

Herr Schröder: »Wisst ihr, ich komme aus einer Zeit des Umbruchs. Ohne dass da ein Zusammenhang bestehen muss: Aber als ich zur Welt kam, kippte die Stimmung. 1973 war das. Die Sitzengebliebenen unter euch werden sich erinnern. Die Ölkrise beendete das westdeutsche Wirtschaftswunder endgültig, der Reformära Willy Brandts ging die Puste aus, und sowohl Pablo Picasso als auch Ingeborg Bachmann segneten das Zeitliche. Und an meinem Geburtstag verlor Hertha BSC auch noch zu Hause gegen den Wuppertaler SV mit 0:1.«

Die ersten Schüler haben die Köpfe auf ihre Arme gelegt.

Herr Schröder: »Meine Eltern waren dennoch glücklich über meine Geburt. Ich verdanke den beiden sehr viel. Meinem Vater zum Beispiel meine Kurzsichtigkeit, meine Unsportlichkeit und meine ortsungebundenen Bandscheiben. Aber auch mein dichtes Haar, meine überdurchschnittliche Intelligenz und meine Bescheidenheit. Und nicht zuletzt meinen Beruf. Schon als Kleinkind korrigierte ich meine Eltern: ›Wegen DES Dreirads, Papa, nicht wegen DEM!‹, woraufhin mein Vater sagte: ›Werd doch Lehrer, du Klugscheißer.‹ Aufgewachsen bin ich zwar in Berlin, jedoch im Stadtteil Charlottenburg. Dem *Bielefeld* Berlins. Berlin war noch nicht dieses hippe, kosmopolitische Soja-Latten-

Mekka wie heute. Checkpoint Charlie war noch kein Museum, und das Brandenburger Tor noch Todeszone. Der Reichstag war äußerlich in einem derart desolaten Zustand, dass man sich gewünscht hätte, Christo würde ihn einhüllen. Apropos ›einhüllen‹ und in Watte packen: Uns hat niemand mit dem SUV ans Schulhoftor gebracht! Wir mussten durch die Trümmer klettern und den rauen Umgangston der BVG-Mitarbeiter über uns ergehen lassen. Ihr habt ja wahrscheinlich schon von der sogenannten ›Berliner Schnauze‹ gehört …«

Aus den hinteren Reihen sind leise Schnarchtöne zu hören.

Herr Schröder: »… ihr wisst schon, diese als Lokalkolorit getarnte Miesepetrigkeit. Bei uns zu Hause war das anders. Meine Eltern setzten der Berliner Schnauze eine Erziehung zur Rücksichtnahme und Höflichkeit entgegen. Und was soll ich sagen, ihr kleinen Penner, es hat Früchte getragen.«

Die Klasse reagiert nicht.

Herr Schröder (enttäuscht): »Nun … genug von mir. Widmen wir uns jetzt mal wieder dem Stoff für heute. *Effi Briest*.«

Murat (schreckt hoch): »Nein, bitte, es war grad so spannend, mit dem Hamburger Tor und so. Wie war denn Ihre Schulzeit?«

Herr Schröder: »Na gut ... Ich erinnere mich noch gut an meinen ersten Schultag. Ein verregneter, kalter Tag. Meine Schultüte war randvoll mit großen Erwartungen. Bonbons und Konfekt waren leider nicht drin, denn meine Eltern waren beide Zahnärzte und hatten mir nur einen Bund Möhren und zwei Meter Zahnseide eingepackt. Meine Laune hätte trotzdem nicht besser sein können. Endlich war ich da, wo die Kindergärtnerin mich am liebsten schon im Alter von drei Jahren hingebracht hätte, als ich ihr wieder mal den Unterschied zwischen Pleonasmus und Tautologie erklärt habe. Sie war diesbezüglich wirklich schwer von Begriff ...«

Vereinzeltes Stöhnen.

Herr Schröder: »Zugegeben, ich war in der Schule nicht gerade der Coolste der Klasse. Aber immerhin kam ich bei der Mannschaftsaufstellung im Sportunterricht immer als Vorletzter dran. Es war eben eine wilde Zeit damals. Das Leben fand noch im Freien statt. Ohne Handys und 4G. Heutzutage müsst ihr euch Jeans mit Löchern *kaufen*, wir haben uns damals auf dem Bolzplatz noch höchstselbst die Knie aufgeschürft. Und der Bolzplatz war übrigens wie der letzte Satz von *Effi Briest*: ein weites Feld.«

Justin (ruft schnell rein): »Was hat Sie denn eigentlich dazu gebracht, Deutschlehrer zu werden?«

Herr Schröder: »Ich war auf der Suche nach den Antworten auf die großen Fragen des Lebens. Und ich ahnte: Diese Antworten stecken in den Büchern.«

Anastasia (skeptisch): »Und? Wie lauten die Antworten in den Büchern?«

Herr Schröder: »Dafür hätte ich die Bücher vermutlich lesen müssen.«

Anastasia rollt mit den Augen und dreht sich zum Fenster.

Herr Schröder: »Leute, ganz ehrlich: Ich glaube, ich mag Bücher mehr als Lesen. Aber ich wusste intuitiv immer, welches Buch aus meiner Brusttasche schauen musste, um die Mädchen zu beeindrucken. Ein Büchereiausweis ist der verlässlichste Dosenöffner, den es gibt. Wenn ihr versteht, was ich meine.«

Lisa-Marie (nach kurzer Denkpause): »Igitt! Sie sind so ein ekelhafter Sexist, Herr Schröder!«

Herr Schröder: »Ist doch wahr! Es gibt viele Leute, die sich mit irgendeinem hochgelobten Bestseller ins Café setzen, nur damit alle sehen können, wie andächtig sie schmökern und wie sinnlich sie umblättern. Ein schöner Buchrücken kann auch entzücken ...«

Justin: »Voll gay!«

Murat: »Herr Schröder, könnten wir jetzt vielleicht doch wieder zu *Effi Briest* zurückkommen?«

Herr Schröder: »Leute, was ich sagen will: Ihr braucht im Leben irgendetwas, für das ihr brennt. In dem ihr voll aufgeht. Euer Ding! Seien es Bücher, Autos, Musik, Raumfahrt oder sonst was. Als ich mit der Schule fertig war, wollte ich die Welt sehen. Es gab damals noch kein Google Earth und kein Instagram. Also stellte ich mich mit einem Pappschild an die A2 und trampte bis Kalkutta. In meinem Seesack nur eine Zahnbürste und ›Der Steppenwolf‹ von Hermann Hesse. Ich fühlte mich jung und frei. Der Wind der Veränderung blies mir um die Ohren. Den Geruch dieser Tage werde ich nie vergessen. Eine Mischung aus Kidneybohnen, Instantkaffee und feuchten Wandersocken ...«

Anastasia: »Das klingt wie der reinste Roman. Warum haben Sie kein Buch geschrieben?«

Herr Schröder: »Weißt du, zwei Seelen wohnen, ach, in meiner Brust. Natürlich gefiel mir das Vagabundentum, aber Freiheit ist auch nur ein anderes Wort für ›nix mehr zu verlieren‹. Hat Janis Joplin mal gesungen. Die wurde allerdings nicht älter als siebenundzwanzig. Versteht ihr?«

Lisa-Marie: »Ehrlich gesagt nicht.«

Herr Schröder: »Ich hatte eben nach dreihundert Tagen Roadtrip genug und wollte wieder nach Hause. Und mir da etwas aufbauen. Ihr wisst schon: Haus bauen, Baum pflanzen, Allwetterjacke imprägnieren.«

Anastasia: »Sie tragen aber gar keinen Ehering.«

Herr Schröder: »Anastasia, ich würde dich bitten, meine Privatsphäre zu respektieren. Nur so viel: Letztens saß ich wieder bei meinem Lieblings-Asiaten und betrachtete, wie die Sushiteller auf dem Fließband im Kreis fuhren. Die frischen, schmackhaften California Rolls gehen natürlich immer sofort weg, aber der kalte Algensalat bleibt übrig und dreht Ehrenrunde um Ehrenrunde, ohne dass sich jemand für ihn interessiert …«

Murat: »Warum erzählen Sie uns das?«

Herr Schröder (plötzlich in die Hände klatschend): »So, Kinder, jetzt müssen wir aber auch mal in den Stoff, sonst habe ich die ganze Stunde verquatscht.«

Der Gong läutet. Die Schüler springen auf und rennen aus der Klasse. Ich packe meine Sachen zusammen und schreibe ins Klassenbuch »Erzählperspektive bei *Effi Briest*, hermeneutischer Deutungsansatz«. Plötzlich klopft es an der Tür.

Herr Schröder: »Ja, bitte?«

Murat (tritt ein): »Herr Schröder, noch mal eine Frage kurz.«

Herr Schröder: »Ja?«

Murat: »Wo krieg ich denn so einen Büchereiausweis?«

Kapitel 16 ✏️

Ich hab dich Ungeheuer gern – deutsche Sprache, freudsche Sprache

Ja, warum bin ich eigentlich Deutschlehrer geworden?

Korrekte Antwort: Weil ich die deutsche Sprache liebe. Und als Deutschlehrer habe ich mich dem Vermitteln dieser wunderbaren Sprache in all ihren Facetten verschrieben. Mithilfe der linguistischen Grubenlampe dringe ich tief in den Kern der deutschen Sprache vor und bereite meinen Schülern damit große Freude – und, zugegeben, hin und wieder auch ein wenig Frust.

Denn das Deutsche ist voller Ungereimtheiten und Widersprüche. Warum zum Beispiel liegen die Wörter »furchtbar« und »fruchtbar« so nah beieinander? Ist den weisen Vätern und Müttern unserer Sprache etwa bewusst gewesen, wie eng Leid und Glück verknüpft sind? Sind »Schmerz« und »Scherz« Geschwister, die bei der Geburt getrennt wurden? Warum verursacht Charme so oft Scham? Wieso schreibt sich weg wie Weg und Weg wie weg?

Oder nehmen wir die Abgründe der Getrennt- und Zusammenschreibung. »Hier, nimm ein Gummibärchen« ist nicht bedeutungsgleich mit »Hier, nimm ein Gummi, Bärchen«. Dasselbe gilt, wenn man ein Paar auffordert: »Erzählt mal, wie ihr zusammen gekommen seid«, statt sich zu erkundigen, wie sie zusammengekommen sind. Und ob ein Ingenieur im Jahre 2019 stolz sein darf auf seine Arbeit, hängt davon ab, ob er sagt: »Selbstfahrende Autos sind möglich« oder »Selbst fahrende Autos sind möglich«. Das leidige Thema mit »seit« und »seid« wollen wir lieber unerwähnt lassen, aber wenn das »Leidbild« einer Schule auf dem Plakat für den Tag der Offenen Tür steht, sinken die Anmeldezahlen vermutlich drastisch.

Natürlich wird einem bei diesem Thema oft eine gewisse bildungsbürgerliche Überheblichkeit vorgeworfen, aber jedem dürfte wohl klar sein, dass es einen Unterschied macht, ob man schreibt: »Liebe Schwiegermama, ich hab dich ungeheuer gern« oder »Liebe Schwiegermama, ich hab dich Ungeheuer gern«. Beides ist orthografisch völlig korrekt, die Botschaften sind aber doch tendenziell verschieden.

Eine beliebte Frage der Schüler lautet übrigens: Wer hat sich unsere Sprache eigentlich ausgedacht?

Ich habe da eine Theorie: Das war die Deutsch-GmbH – Germanisten mit beschränkter Humanität. Ein kafkaeskes Kuratorium konservativ-kleinbürgerlicher Kreidefresser, welches quartalsmäßig in kryptomanischem Korrekturwahn über kommunikative Kapriolen konferiert. Kleinlich, humorlos und eigensinnig. In seinem babylonischen Elfenbeinturm fertigt es immer neue linguistische Daumenschrauben an. Oder warum steckt im Wort »lispeln« ein S drin? Es hätte doch Millionen anderer Möglichkeiten gegeben. Und dann haben sie das S extra noch vor ein P gebaut, damit's auch richtig wehtut.

Folgt man dieser Logik, dann erklärt sich von selbst, warum das Wort »stottern« drei T bekommen hat.

Und natürlich konnte, als es darum ging, die »Angst vor langen Wörtern« auf einen handlichen Begriff zu bringen, nur dieser Kandidat das Rennen machen: die »Hippopoto-monstrosesquippedaliophobie«. Das sind sechsunddrei-ßig Buchstaben. Zehn Buchstaben mehr, als das Alphabet enthält; fünfzehn mehr, als der durchschnittliche Saarlän-der überhaupt kennt. Warum heißt die Angst nicht einfach »Knupp«? Oder »Flip«?

Und welcher hinterhältige Sprachschöpfer hat in der »Konfektionsgröße« das Wort »Konfekt« versteckt? Da fühlt man sich doch sofort übergewichtig.

Eine andere Frage, mit der die Deutsch-GmbH immer wieder konfrontiert wird: Was soll bloß aus dem vernach-lässigten Buckel-S werden, besser bekannt als »Eszett«, das in immer weniger Wörtern vorkommt und trotzdem bis heute keinen tröstenden Großbuchstaben zur Seite ge-stellt bekommen hat.

Legendär ist auch die Debatte darüber, ob das Ypsilon ein Vokal oder ein Konsonant ist. Liegt hier etwa ein Trans-Buchstabe vor? Hinweise dafür gibt es: Bei YouTube, Yacht und Yoga wird das Ypsilon zum J und ist somit klar ein Konsonant. Bei yps-Heft, Psychologie und Syrien hin-gegen wird es zum Ü – ergo Vokal. Vor lauter phonetischer

Desorientierung stellte das Ypsilon einst sogar den Antrag, komplett aus dem Alphabet gestrichen zu werden. Dieser Wunsch nach Selbsttötung wurde allerdings abgelehnt. Stattdessen wies man dem Ypsilon einen Platz zwischen seinen besten Kumpels X und Z zu. Zur Besänftigung erhielt es außerdem beim Scrabble die Maximalpunktzahl 10. Yeah!

Ebenfalls ein alphabetischer Problembär des Deutschen ist das Q. Dieser Querulant und Quälgeist tritt grundsätzlich nur in Verbindung mit seinem symbiotischen Partner, dem U, in Erscheinung. Die Ganztagsbetreuung des Q durch das U verschlingt horrende Summen öffentlicher Gelder. Ultraliberale Kreise fordern seit Längerem, dass das Q endlich auf eigenen Beinen stehen müsse, um ein vollwertiger Teil des Alphabets zu werden – oder es solle ganz vom Buchstabenmarkt verschwinden. Zur Beruhigung der Lage führte die Deutsch-GmbH daraufhin die Abkürzung IQ ein. Das Q war stolz wie Bolle, Teil einer derart mächtigen Abkürzung zu sein. Dass es wieder nur zusammen mit einem Vokal existiert, der diesmal sogar vorangeht, hat es mangels ausreichenden IQs nicht mitbekommen.

Neuerdings drängen sich ohnehin ganz neue Akteure in den Vordergrund, allen voran das Doppelkreuz. Jahrzehntelang kannte man dieses Sonderzeichen nur von der Wählscheibe alter Telefonapparate, aus dem Musikunterricht als Kennzeichnung für »ein Halbton höher« oder als lästiger Teil der Computertastatur, auf den man manchmal versehentlich drückte, wenn man »Äääh« schreiben wollte. Damals musste das Doppelkreuz noch Schimpfwörter wie »Schweinegatter« ertragen. Umso fulminanter war dann sein rasanter Aufstieg als *hashtag*. Von der Regionalliga direkt in die Champions League – so etwas kannte man bisher nur von Retortenclubs wie RB Leipzig.

Aber wie genau begann dieser märchenhafte Aufstieg? Als im März 2006 Twitter ans Netz ging, witterte unser gepeinigtes Sonderzeichen Pionierluft und sprang auf das Trittbrett einer sich vom Silicon Valley aus rasant über den Globus verbreitenden Kommunikationsart. Setzten Menschen das Doppelkreuz vor ein bestimmtes Wort, wurde dieses ab 2009 automatisch verlinkt, und man konnte sehen, was andere Leute zu demselben Begriff geschrieben hatten. Aber warum ausgerechnet dieses Zeichen? War es dieser Aufgabe überhaupt gewachsen? Der Verantwortungsdruck war immens.

Viele andere Sonderzeichen fühlten sich übergangen. Das Ausrufezeichen schrie auf, Klammer-auf machte ein trauriges Gesicht, und der Paragraph drohte mit dem Rechtsweg. Der Zentralrat des Strichpunkts nannte das Vorgehen sogar »anti-semikolisch«. Die Deutsch-GmbH bemühte sich zwar umgehend mit karitativen (!) Maßnahmen gegenzusteuern, aber zu spät :-(. Schon wenig später hatten die Sonderzeichen zusammen mit den Emojis weitgehend die öffentliche Sprachmacht an sich gerissen. Selbst der fröhliche Klammeraffe @vonSchleck fürchtete mittlerweile um seine Existenz.

Die Umfragewerte der Deutsch-GmbH gingen in den Keller. Man warf ihr vor, sie sei gar nicht mehr nah am Buchstaben und ihre Beschlüsse seien weltfremd, überflüssig oder sogar destruktiv. »Lasst uns doch einfach sein, wie wir sind!«, protestierte die Gewerkschaft der Doppel-konsonanten. Auch die einfachen Sprech-und-Schreib-Buchstaben begehrten auf. Warnstreiks lähmten die Tastatur – es klemmte an allen Ecken.

Enie choaitchse Ziet barhc an. Volelr Turble und Zerwrünfinsse. Die Buhctsbaen gnigen in aharchnschier Udnnornug auf die Starße und sknadeirten: »Wri sndi das Vklo! Wri sndi das Vklo! Wir dnis sda Vklo!«

Was die erbosten Demonstranten bei ihrem Aufstand lautlos unter den Tisch fallen ließen: Fast die Hälfte der heute geläufigen und beliebten deutschen Wörter haben Migrationshintergrund; viele sind über die etymologische Balkanroute gekommen. Mittlerweile sind sie alle komplett integriert und ein selbstverständlicher Teil der Wortschatzgesellschaft. Murat ging neulich in einem improvisierten Impulsreferat sogar so weit zu behaupten, der deutsche Vorname »Otto« sei mit dem Wort »Ottomane« verwandt, bedeute also irgendwie auch Türke. Er schluss-folgerte, dass wir uns alle viel näher und ähnlicher seien, als manche wahrhaben wollen.

Die Klasse klatschte daraufhin so lange und frenetisch Beifall, bis ich ihm eine 2+ gab.

Kapitel 17 🖉

Montag für Mutter Erde – Vertretungsstunde

Das Schöne am Vertretungsunterricht ist, dass man sich als Lehrer noch mal in ganz anderem Licht präsentieren kann. Einfach mal pädagogisch die Beine vertreten. Eine neue Klasse ist wie ein neues Leben. Der Schritt über die Türschwelle ist wie der Gang auf die Theaterbühne. Spot on. Wenn man eine Klasse über Jahre unterrichtet, schleichen sich Mechanismen und Muster ein, die sich mit der Zeit verhärten. Es ist schwierig, da auszubrechen. Wenn man vor eine neue Klasse tritt, kann man sich so zeigen, wie man wirklich ist. Oder wie man gerne wäre.

Heute also mal Geschichte in der 9d. Ich habe mir vorgenommen, nicht zu dick aufzutragen. Trotz Wahlkampfendspurt. Schließlich bin ich kein Geschichtslehrer.

Staatsmännisch baue ich mich vor den Schülern auf.

Herr Schröder:
»So, Leute. Der Kollege ist mal wieder krank, liegt mit akuten Allüren im Bett. Heute weht hier deshalb ein an-

derer Wind. Nehmt mal bitte alle euer Geschichtsbuch raus.«

Routiniert greifen die Schüler in ihre Schultaschen und wuchten ihre Exemplare von »Entdecken und Verstehen III« auf den Tisch. Ich nicke zufrieden.

Herr Schröder: »Super. Und jetzt schmeißt das Ding in den Müll.«

Ratlosigkeit in allen Gesichtern. Nach ein paar Sekunden segeln schließlich vier Exemplare nach vorne, von denen eins den Mülleimer trifft.

Schüler aus der letzten Reihe (reinrufend): »Herr Schreiner, ich habe mein Geschichtsbuch zu Hause vergessen.«

Herr Schröder (entnervt): »Dann nimm das Buch vom Nachbarn.«

Ein Raunen geht durch den Raum, die Schüler beginnen untereinander zu tuscheln. Ich nehme das Ruder noch fester in die Hand.

Herr Schröder: »Leute, das geschriebene Wort ist tot. Geschichte muss leben! Auf dem Lehrplan habe ich gesehen, dass heute der Mauerfall dran ist. Ey Leute, ick war doch dabei jewesen! Ick will jetzt nicht sagen, det ick maßjeblich dazu beijetragen habe, det det olle Ding abjetragen wurde, aber wo ick aufkreuze, da bleibt keen Stein uffn anderen. Also det Ding kam weg, und Berlin musste dafür zahlen. Versteht ihr? Leute, die selbst Geschichte schreiben, brauchen kein Geschichtsbuch!«

Schüler mit Basecap (erschrocken zu seinem Nachbarn): »Oh fuck, wir schreiben heut' Geschichte?«

Herr Schröder (laut): »Na klar, wenn ihr wollt, schon!«

Brillenträger in der ersten Reihe: »Shit, ich hab gar nicht gelernt. Voll unfair, wir wissen doch gar nicht, wie sehr Sie auf Spicken achten.«

Klassenbeste: »Wir schreiben heute nicht Geschi, Leute! Herr Schröder meint, dass man was hinterlässt.«

Herr Schröder: »Genau! Und die Geschichte wird von Siegern geschrieben, also sagt mir: Seid ihr Sieger?«

Basecap: »Mein Onkel kommt aus Siegen ...«

Herr Schröder: »Mauerfall! Schon mal gehört? Kinder, Deutschland war bis 1990 geteilt! Da war eine Mauer, die Westen und Osten getrennt hat. Und als die aufging, da war ich in Berlin. Ich bin mit dem Trabbi durchs Brandenburger Tor und hab ›I've Been Looking for Freedom‹ gesungen. *(Hält beide Hände hoch)* Was seht ihr?«

Basecap: »Rechts etwas rau?«

Herr Schröder: »Mit diesen bloßen Händen habe ich am Pariser Platz die Mauer eingerissen!«

Brillenträger: »Was? Der Pariser ist gerissen? Und genau beim Mauerfall? Krass.«

Herr Schröder: »Die Geschichte hat uns gelehrt, dass keine Autorität auf Dauer standhalten kann, wenn man für etwas einsteht. Die Menschen sind aufgestanden, buchstäblich … Steht mal alle auf!«

Brillenträger: »Hä? Stunde vorbei?«

Herr Schröder: »Nein, stellt euch mal alle auf eure Stühle!«

Klassenbeste: »Herr Schröder, wir haben ›Die Welle‹ im Unterricht gelesen, lassen Sie's gut sein.«

Herr Schröder: »Das ist klausurrelevant!«

Basecap: »Sie können das doch gar nicht bestimmen, Sie sind nur der Vertretungslehrer!«

Herr Schröder: »Was heißt hier ›nur‹?! Jetzt hört doch mal auf mit diesem konformistischen Denken! Es geht um eine innere Haltung, die ihr verstehen sollt. Denkt doch mal zum Beispiel an die Französische Revolution.«

Klassenbeste: »Hatten wir noch nicht.«

Herr Schröder: »Doch, klar! Hatten wir schon! Vor über zweihundert Jahren! Robespierre, Ludwig XIV., hallo? Aber warum eigentlich immer so weit in die Vergangenheit gucken? Ihr seid doch die erste Generation seit dem Mauerfall, die endlich wieder aufbegehrt! Widersetzt euch.«

Basecap: »Wieder hinsetzen?«

Herr Schröder: »Fridays for Future!«

Klassenbeste: »Heut' ist Montag.«

Herr Schröder: »Egal, dann halt ... Montag für Mutter Erde! Wir brainstormen jetzt mal. Kommt ruhig runter von den Stühlen. Was fällt euch denn ein, wie man diesen Planeten zu einem besseren Ort machen könnte?«

Brillenträger: »Das Plastik aus dem Meer, die ganzen Delphine essen das immer und haben auch dann diese Plastiknetze von Mandarinen oder das Aluminium von den Sixpacks Dosenbier im Gesicht. Das ist scheiße. Bier und Mandarinen verbieten.«

Herr Schröder: »Großartig! Weiter!«

Basecap: »Der Borneo-Affe ernährt sich, glaub ich, von der Nutella-Pflanze, und immer, wenn die die da wegernten, verhungert der. Kein Nutella mehr kaufen – stattdessen Nuspli?«

Ich sag's ja immer: Unterrichten ist wie Angeln. Einmal am Haken, zack, Fisch im Netz. Natürlich sind wir vom eigentlichen Thema ein bisschen abgekommen, aber Umweltschutz ist wichtig und geht uns alle an.

Herr Schröder: »Kinder, ich bin wirklich stolz auf euch. Jede Zeit hat ihre ganz eigenen Helden, die das scheinbar Unmögliche tun und … in jedem von euch steckt ein Revolutionär. Angstfrei und couragiert.«

Brillenträger: »Ist ja gut, Herr Schröder. Aber was sollen wir jetzt machen? Sollen wir die Schule schwän… äh, protestieren?«

Klassenbeste: »Wir könnten einfach mal raus und den Feinstaub aufkehren. Der ist doch auch problematisch.«

Herr Schröder: »Keine schlechte Idee! Bevor du den Planeten rettest, kehr erst mal vor deiner eigenen Tür. Okay, Kinder, wir gehen raus!«

Basecap (hat einen Geistesblitz): »Am besten mobilisieren wir noch die anderen! Die 9c schreibt grad Mathe, die haben bestimmt Lust. Sollen wir, Herr Schröder?«

Jetzt bedarf es nur eines einzigen Satzes, der alle Dämme brechen lässt. Ich weihe die Kinder kurz in den historischen Kontext ein, damit dem Lehrplan Genüge getan ist.

Herr Schröder (ermunternd nickend): »Ich bin zu euch gekommen, um euch mitzuteilen, dass heute eure Ausreise ...«

Die Schüler brüllen los und fallen sich gegenseitig in die Arme. Gänsehaut-Atmo. Alle stürmen raus, reißen die benachbarten Klassenzimmertüren auf und brüllen: »Montag für Mutter Erde, ihr dürft hier raus!«
  Zeit-Axel steht vollkommen überfordert mit seinem Butterbrot in der Hand an der Türschwelle, schaut mich an und fragt: »Ab wann gilt das?« Ich antworte: »Nach meiner Kenntnis ist das ... sofort, unverzüglich.« Noch ehe ich weitere Erklärungen nachschieben kann, sind die gesamte 9c und die 9d an Zeit-Axel vorbeigerannt. Die Menschentraube bahnt sich ihren Weg durchs Treppenhaus nach unten. Die Schüler brüllen: »Montag für Mutter Erde!« Der Klausmeister und das Reinigungspersonal stehen applaudierend Spalier. Sie verteilen Wasserflaschen und Müsliriegel zur Stärkung.
  Und dann ist es so weit.
  Das Tor geht auf, und wir strömen ins Freie.

Draußen hat die Technik-AG bereits ein Rednerpult aufgebaut. Das Basecap aus der 9d geht ans Mikrofon. Doch als der frischgebackene Jungrevoluzzer gerade mit seiner Rede beginnen will, stürmt plötzlich von hinten Kommissar Plömsgens auf die Bühne und reißt das Mikrofon aus der Verankerung. Alle Schüler und Schülerinnen blicken ihn erschrocken an.

Kommissar Plömsgens (mit heiserer Stimme): »Was geht hier vor sich?! Wer ist dafür verantwortlich?!«

Seine Worte hallen über den Schulhof.

Dann drehen sich gefühlt tausend Köpfe wie *ein* Organismus in meine Richtung.

Die Zeit scheint stillzustehen.

In einer der letzten Deutschstunden habe ich mich bemüht, den Schülern das dramaturgische Prinzip des retardierenden Moments zu vermitteln, und irgendwie hatte ich das Gefühl, dass keiner wirklich verstanden hat, worum es ging. Jetzt, in dieser Sekunde, wo der gesamte Schulhof der HFG auf meine Reaktion wartet, würde ich meiner 10a gerne zurufen: »Hier, Leute, *das* ist ein retardierendes Moment.«

Stattdessen stehe ich wie angewurzelt inmitten der Schüler. Schnappe nach Luft.

Dann weiß ich, was ich zu tun habe.

Ganz langsam, wie in Zeitlupe, löse ich mich aus der Menge. Die Schüler weichen zur Seite und bilden eine Schneise. Ich schreite aufrecht und selbstbewusst durch den entstandenen Korridor und summe im Kopf Wagners »Walkürenritt«. Der Klausmeister klopft mir anerkennend auf die Schulter und sagt: »Mach sie fertig, Schrödi.«

Noch drei Meter.

Jeden einzelnen Schritt gehe ich bewusst und stolz. Kommissar Plömsgens steht mit hochrotem Kopf am Rednerpult und harrt meiner Ankunft. Neben ihm steht das gesamte Kollegium und schüttelt missbilligend den Kopf. Vereinzelt kann ich in ihren Gesichtern jedoch auch eine gewisse Anerkennung lesen. Als ich beim Mikrofon ankomme, wirft sich ein Schüler auf alle viere und ruft: »Herr Schröder, passieren Sie!«

Und so steige ich über seinen Rücken auf die Bühne und baue mich vor dem Mikrofon auf.

Herr Schröder (räuspert sich): »Sorry, mein Fehler, ist 'n bisschen aus dem Ruder gelaufen. Geht bitte alle zurück in eure Klassen.«

Kapitel 18 🖉

Saufen im Woyz-Eck –
der Junglehrer-Stammtisch

Montag für Mutter Erde ging dann doch nicht viral. Das und der nicht mehr zu leugnende Wahlkampfvorsprung von Trillerpfeifen-Theo drücken zugegebenermaßen ein wenig auf mein Gemüt. Dazu kommt das senfgelbe Kunstlederbuch in meinem Aktenkoffer, das Anastasia offenbar immer noch zu suchen scheint. Kürzlich habe ich sie nämlich beobachtet, wie sie in der Fünf-Minuten-Pause unauffällig Justins Rucksack durchforstet hat.

Wenn Herr Schröder noch einmal »zum Bleistift« sagt, zerstech' ich ihm die Reifen. Später haben wir Sport beim Neuen. Trillerpfeifen-Theo mit seinen geilen Tattoos. Auf Insta präsentiert er ein Tribal und einen Samurai-Kämpfer. Voll cool. Letztens hat er sogar eine Insta-Story beim Stechen gemacht. Ich wünschte, meine Eltern würden mir ein Tattoo erlauben. Diese blöden Spießer. Wahrscheinlich hat Schrödi irgendwo »zum Bleistift« hintätowiert. Oder seine Handy-Pin. 1234.

Der erste Junglehrerstammtisch im zweiten Halbjahr bringt mich hoffentlich auf andere Gedanken. Die Gruppe trifft sich in der Kneipe am Theater, im Woyz-Eck. Ich bin etwas spät dran, und als ich mich dazusetze, berichtet Trillerpfeifen-Theo gerade ausgiebig von seinem jüngsten Ironman-Erlebnis. Parallel präsentiert er Laminier-Lara seinen Latzmuskel. Meine Laune hebt das nicht gerade, aber das lasse ich mir natürlich im Kreise der jungen Kollegen nicht anmerken.

Herr Schröder (bollernd): »Na, Theo, du Michelin-Männchen, frisch aufgepumpt vom Gym? Und ich rede nicht vom Gymnasium ...«

Stille. Was für ein humorloser Haufen.

Herr Schröder: »Was' los, Leute, warum habt ihr nix zu trinken? Endstation Wermut?«

Alle blicken zu Boden.

Laminier-Lara (bricht das Schweigen): »Du, vielleicht weißt du es noch nicht, aber der Theo ist seit drei Jahren trocken, und aus Rücksicht auf ihn wollen wir hier in der Runde alle auf Alkohol verzichten. Was machst du überhaupt beim *Jung*lehrerstammtisch, Schrödi?«

Die Bedienung kommt. Ich bestelle ein großes Bananen-weizen und verschränke die Arme.

Laminier-Lara (pikiert): »Was an ›auf Alkohol verzich-ten‹ hast du jetzt nicht verstanden?«

Herr Schröder (laut lachend): »Bananenweizen ist doch kein Alkohol! Der Wortbestandteil ›Banane‹ überwiegt eindeutig.«

Ein Raunen geht durch die Runde.

Trillerpfeifen-Theo (seufzend): »Genau das ist das Pro-blem. Diese Verharmlosung. Das fing damals bei mir mit den Alcopops an. Alkohol ist in unserer Gesellschaft einfach eine unterschätzte Droge.«

Alle nicken betroffen.

Der Abend fließt zäh dahin. Ich bestelle mir ein Weizen nach dem anderen, aber die trübe Gesellschaft bleibt bei Mineralwasser und trocken Brot. Dabei ist die Agenda des Stammtischs ohne Rausch echt schwer zu ertragen. Die Themen lauten: Digitales Schwarzes Brett, Gruppenpuz-zle, Smartboard und die morgige Schülervollversamm-lung. Gegen Viertel nach neun verabschieden sich die Ersten: »... noch Tatort in der Mediathek nachschauen ... morgen erste Stunde ... Frühaufsicht ...«

Irgendwann ist der harte Kern im Woyz-Eck runter-geschrumpft auf Laminier-Lara, Trillerpfeifen-Theo und mich. Ich lehne an der Jukebox, werfe eine Münze ein. Als ich zurück an unseren Tisch komme, sind Trillerpfeifen-Theo und Laminier-Lara ineinander verschlungen und knutschen.

Herr Schröder: »Nehmt euch 'n Zimmer.«

Laminier-Lara (kurz von Theo ablassend): »Siehst du, man kann auch ohne Alkohol Spaß haben.«

Herr Schröder (entschlossen): »So, Theo. Ich sag dir mal was: Wir trinken jetzt einen.«

Die Bedienung kommt. Ich schnipse in die Luft. »Camarero, zwei Jägermeister s'il vous plaît – pour les deux héroes here!« Laminier-Lara schaut mich ungläubig an.

Laminier-Lara: »Das kann ja wohl nicht dein Ernst sein, Schrödi! Der Theo war jetzt so lange stark! Merkst du denn nicht, dass er grad unsere Unterstützung braucht?«

Herr Schröder (spricht mit Schmolllippe in ein imaginäres Mikrofon): »Der kleine Theo möchte bitte aus dem Bällebad abgeholt werden. Er kann zwar Lehrer des Jahres werden, aber er kann nicht auf sich selber aufpassen.«

Lara will gerade ansetzen, mich in der Luft zu zerreißen, aber in dem Moment kommt der Kellner und stellt die

Schnäpse auf den Tisch. Theo nimmt sich ein Glas und wirft den Kopf in den Nacken. »Einer geht schon.« – »Sauber«, sage ich und proste ihm zu. Laminier-Lara nimmt ihre Handtasche und geht.

Herr Schröder: »Endlich ohne die ollen Weiber, oder, Theo? *(hinter Laminier-Lara herrufend)* Komm gut nach Hause! Und merk dir: Der Theo ist 'n Wildpferd, der lässt sich nicht zähmen!«

Wir ziehen um an die Bar und lassen die Luft aus den Schnapsgläsern. Trillerpfeifen-Theo geht an die Jukebox. Sekunden später ertönt Bruce Springsteen – »I'm on Fire«. Luftgitarre spielend brüllt er mich an: »Schröööööö-dinger! The Boss is back! Born in the Bergisches Land.« Er schlägt sein Jackett auf links und wirft sich auf die Knie. Ich bestelle heimlich ein Wasser, will ja morgen nicht zu verkatert sein.

Trillerpfeifen-Theo (stammelnd): »Schrödi, ehrlich, ich bewundere dich. Ich find das toll, wie du das immer machst so, mit deinen … Sachen.«

Herr Schröder: »Theo, weißt du, ich bin wie diese Krebse, die sich immer so neue Häuser suchen. Und manchmal ist das auch nur 'ne alte Dose, und dann wohn ich da.«

Trillerpfeifen-Theo: »Siehst du, das meine ich. Wie du immer so mit den Worten … Toll.«

Seine Jeansjacke rutscht vom Stuhl. Der Kellner kommt und verkündet die letzte Runde. Theo haut mit voller Wucht auf den Tresen.

Trillerpfeifen-Theo: »Mojito!«

Herr Schröder: »Das ist 'n Wort! Hier, Descartes, *Mojito ergo sum* – ich denke, also trink' ich.«

Wir lachen laut. Der Kellner rollt mit den Augen und halbiert eine Limette.

Herr Schröder (nachdem der gemeinsame Lachanfall verklungen ist, leise): »Ja, Theo, mag sein, dass ich gut mit Sprache kann, aber Lehrer des Jahres, das wirst *du*. Die Schüler lieben dich. Meine 10a redet nur von dir. So wie die dich vergöttern, da werd' ich nie hinkommen.«

Trillerpfeifen-Theo (auf die Whisky-Vitrine starrend): »Diese ganze Lehrer-des-Jahres-Kiste geht mir so dermaßen auf die Klötze!«

Herr Schröder: »Du hast ja auch gut reden.«

Der Kellner stellt die Mojitos vor uns auf den Tresen. Ich ziehe am Strohhalm, während mich Theo fragend anschaut.

Herr Schröder: »Ich bin jetzt seit 10 Jahren an der HFG, und in all dieser Zeit war ich nie Lehrer des Jahres.«

Theo starrt mich weiter stumm an.

Herr Schröder: »Weißt du, mir geht es nicht um Anerkennung von außen oder so. Aber jeden Morgen, wenn ich mich mit meinem Nissan Micra durch den zähfließenden Stadtverkehr schiebe, nur um mich dann von grenzdebilen Halbprimaten den ganzen Tag blöd anmachen zu lassen – und da rede ich noch gar nicht von den Schülern –, frage ich mich schon: Warum tue ich mir diesen Job überhaupt an?«

Trillerpfeifen-Theo (schüttelt fassungslos den Kopf): »Schrödi, das wusste ich nicht. Du fährst Nissan Micra?«

Wir lachen wieder und stoßen an. Theo legt mir den Arm um die Schultern.

Trillerpfeifen-Theo (lallend): »Mal im Ernst, Schrödi. Wenn dir das so viel bedeutet. Ich war auf meiner alten Schule jedes Jahr Lehrer des Jahres. Das ist nix als Arbeit. Werde du doch Lehrer des Jahres. Ich gönn's dir.«

Herr Schröder (aufhorchend): »Nein, auf keinen Fall! Wie sollte das denn auch gehen? Die Schüler entscheiden das doch. Wir können doch nicht die Wahl manipulieren.«

Trillerpfeifen-Theo (den Mojito runterstürzend): »Drauf geschissen, trete ich halt zurück.«

Er schaut mich entschlossen an.

**Herr Schröder (das Strahlen nur mühsam unterdrü-
ckend):** »Bist du wahnsinnig! Niemals! Die Schüler him-
meln dich an! Das würde eine Revolution geben. *(Nach
einer Kunstpause)* Wie willst du denen das verkaufen?«

**Trillerpfeifen-Theo (während er langsam vom Stuhl
rutscht):** »Lass mich ma' machen ... morgen ...«

Herr Schröder: »Wie jetzt? Du meinst: Rücktritt live,
bei der Vollversammlung? Vor der gesamten Schule?
Das würdest du für mich tun?«

Trillerpfeifen-Theo (sinkt kichernd in Schröders Arme):
»Zum Bleistift, Schrödi!«

Kapitel 19 ✏️

Das Salz in der Buchstabensuppe – die Metapher

Den Höhepunkt des 10.-Klasse-Deutschunterrichts – meine persönliche pädagogische Sternstunde – habe ich mir extra für diesen Tag aufgehoben. Den Tag des Triumphs.

Herr Schröder: »Guten Morgen, ihr Sonnenscheine. Hier kommt euer Wolkenbruch. Na, schlagen die Gedankenblitze heute wieder neben euch ein? Keine Sorge: Schrödi lässt euch nicht im Regen stehen!«

Die Schüler wühlen in ihren Rucksäcken.

Herr Schröder (schwungvoll): »Ich denke, ihr wisst längst, worauf ich hinauswill …«

Justin (matt): »Wieder irgendwas mit Klimawandel?«

Herr Schröder: »Nein, Leute, heute geht's um was richtig Cooles! Ihr habt es allein an diesem Tag schon circa zwanzigmal benutzt, ohne groß darüber nachzudenken.«

Lisa-Marie: »Tinder?«

Klasse lacht.

Herr Schröder: »Die Metapher!«

Stille.

Herr Schröder: »Eine Metapher ist wie ein Vergleich – nur ohne das Wort ›wie‹. Wenn ich zum Beispiel sage: ›Petra, unsere Liebe war *wie* ein Strohfeuer!‹, dann ist das ein lupenreiner Vergleich – und außerdem echt kein Grund, nicht auf meine WhatsApp-Nachrichten zu antworten.«

Murat: »Wer zur Hölle ist Petra?«

Herr Schröder: »Egal. Privat. Bleiben wir beim Thema. Eine Metapher entsteht, sobald ich bei einem Vergleich das Vergleichswort ›wie‹ weglasse. Unsere Liebe war – ein Strohfeuer.«

Die Klasse schaut mich nüchtern an.

Herr Schröder: »Oder anderes Beispiel: ›Du bist meine Sonne.‹ Da weiß jeder sofort, was gemeint ist: ›Du überstrahlst alles, du bist warm und erhellst meinen Tag. Du bist der Mittelpunkt meines Universums.‹ Niemand würde denken, dass die Sonne rund, krebserregend und hochexplosiv ist. Obwohl Petra sich manchmal ziemlich über Kleinigkeiten aufregen konnte ... *(unterbricht sich selbst)* Wie dem auch sei. Metaphern sind eine wunderschöne Möglichkeit, Dinge zu veranschaulichen. Metaphern sind Bilder. Aber: Den Push-up-BH einer Frau als ›Lügenpresse‹ zu bezeichnen, ist keine gute Idee. Das kann ich aus eigener Erfahrung sagen.«

Lisa-Marie: »Weird.«

Herr Schröder: »Leute, Metaphern machen Spaß! Als ich mich zum Beispiel einmal scherzhaft nach Petras ›emotionalen Nährwerttabelle‹ erkundigen wollte, musste ich feststellen, dass ihre Ballaststoffe und Bindemittel das Abtropfgewicht weit über die Grenzen dessen hinaustrieben, was der Serviervorschlag eingangs versprochen hatte.«

Justin: »Was labert der?«

Herr Schröder: »Ich hätte eigentlich schon von Anfang an wissen müssen, dass sie nur ein Drive-through ist. Ihre künstlichen Aromastoffe und E-Regulatoren lassen jeden Glutamat-Tempel wie einen Biobauernhof erscheinen. Und bloß, weil ich am Herd nur eine Fünf-Minuten-Terrine hinbekomme, heißt das noch lange nicht, dass mir die erotische Sterneküche fremd ist. Ich bin der Jamie Oliver des Schlafzimmers!«

Die Schüler blicken mich nach diesem Monolog ratlos an.

Justin: »Ich glaube, ich hab das mit den Metaphern noch nicht ganz verstanden.«

Murat: »Ist doch easy, du Lappen.«

Herr Schröder (aus seinen Gedanken gerissen): »Sehr gut: Lappen! Eine tolle Metapher. Murat vergleicht Justin mit einem formlosen Putzutensil. Er reduziert ihn dadurch auf ein schmutziges …«

Anastasia: »Herr Schröder, kann es sein, dass Sie eine Unterrichtseinheit über Metaphern missbrauchen, um Ihren Beziehungsmüll über uns auszuleeren?«

Herr Schröder: »Beziehungsmüll, sehr schön. Ebenfalls eine Metapher. Wollen die anderen es nicht auch mal probieren? Vielleicht mit einem Beispiel aus eurer Lebenswirklichkeit?«

Justin: »Keine Ahnung, wie das geht, aber ich wurde heute Morgen ohne Fahrschein gefickt. So viel zur Lebenswirklichkeit.«

Herr Schröder (jubilierend): »Ja, suuuper!«

Justin: »Wie bitte? Das sind 60 Euro!«

Herr Schröder: »Nein. Du hast eine Metapher gebildet!«

Justin: »Schwarzfahren ist eine Metapher?«

Anastasia: »›Schwarz‹-Fahren sagt man nicht mehr.«

Herr Schröder (ignoriert sie): »Justin, du hast hier zwei völlig verschiedene Wirklichkeitsbereiche zusammengeführt! Die Fahrscheinkontrolle – mit einer sexuellen Machtdemonstration. Eine lupenreine Metapher!«

Ich lache. Anastasia rollt mit den Augen.

Murat: »Bullshit. Das ist keine Metapher. Das sind zwei Monate kein Taschengeld.«

Herr Schröder: »Ihr seht, Metaphern können so viel Spaß machen. Habt ihr vielleicht weitere Beispiele?«

Die Schüler schweigen.

Herr Schröder: »Leute, ihr macht ja bald hier euren Abschluss. Noch fünf Wochen. Denkt doch mal an das, was danach kommen könnte. An eure leuchtende Zukunft!«

Anastasia (gelangweilt): »Das Leben ist eine Reise?«

Herr Schröder: »Sehr schön! Wie sieht diese Reise aus?«

Murat: »Manche müssen zu Fuß über die Balkanroute.«

Justin: »Andere fahren mit der AIDA übers Mittelmeer.«

Anastasia (vor sich hin murmelnd): »Ich packe meine Koffer ...«

Herr Schröder: »Wohin geht's? Sagt es in Bildern!«

Lisa-Marie: »Ungeschminkt zur Fashion-Week?«

Murat: »Mit dem E-Scooter zur SUV-Messe?«

Herr Schröder: »Okay, Kinder, sehr ambitioniert, verliert aber bitte die Metapher nicht aus den Augen. Das Leben ist eine Reise. Und ich bin euer treuer Gondoliere.«

Justin: »Was?«

Herr Schröder: »Ich bin der Fährmann, der euch ans andere Ufer bringt.«

Torben-Manuel: »Lol.«

Anastasia: »Ich möchte nur, dass mein inneres Navi irgendwann mal sagt: ›Sie haben Ihr Ziel erreicht.‹«

Herr Schröder: »Sehr gut! Wer programmiert euer inneres Navi?«

Lisa-Marie: »Wir selber!«

Herr Schröder: »Genau!«

Anastasia: »Ich will dahin, wo das Google-Earth-Auto noch nicht war. Am Strand des Lebens neue Fußspuren hinterlassen.«

Lisa-Marie: »Sandburgen bauen, die dem Regen standhalten.«

Justin: »Feuerquallen auf Torben-Manuel werfen.«

Herr Schröder: »Ja! Stürzt euch gemeinsam in die Fluten des Lebens!«

Murat: »Ich kann nicht schwimmen.«

Die Klasse verstummt.

Murat: »Jo. Halt nie gelernt.«

Herr Schröder: »Murat, das ist doch gar kein Problem! Dann fahren wir nächste Woche am Wandertag mal alle schön zusammen ins Stadtbad! Als Teambuilding-Exercise! Zusammen mit eurem Bademeister der Herzen!«

Lisa-Marie (freudig): »Theo... Herrn Eisenmann?«

Anastasia: »Lisa-Marie hat recht, das ist eine Aufgabe für den Sportlehrer!«

Herr Schröder (plötzlich mürrisch): »Ja. Dann kommt der halt mit ... sofern er es einrichten kann ...«

Justin: »Aber was ist dann Ihre Aufgabe?«

Herr Schröder (fängt sich wieder): »Na, Wasser ist doch mein Element. Außerdem habe ich eine chlorreiche Vergangenheit. Metaphorisch gesprochen.«

Anastasia: »Das ist gar keine Metapher.«

Freitag
Dieser Herr Schröder: eine Spielwiese für jeden
Psychologen. Ein Exemplar aus der Kreidezeit.
Seine Zukunft, so vorgeschrieben wie meine
Deutschaufsätze. Fast möchte man ihm wün-
schen, dass sich die Rettungsgasse aus dem
Papierstau des Lebens noch mal für ihn öffnet.
Ein schönes Futur II mit Petra oder sonst
wem. Und Hauptsache ohne uns.

Kapitel 20 ✏️

Ein Fest der Demokratie – die Schülervollversammlung

Die große Pausenhalle platzt aus allen Nähten, als über tausend Schüler aus allen Seitenflügeln hineindrängen. Die Vollversammlung ist neben der Begrüßung nach den Sommerferien und dem Abschlussgottesdienst der einzige Anlass, zu dem wirklich die gesamte Schülerschaft in *einem* Raum versammelt ist. Wäre der Lärm nicht so ohrenbetäubend und die Luft so stickig, es könnte fast ein sentimentales HFG-Familiengefühl aufkommen.

Kuschel-Ursel kümmert sich zusammen mit ein paar Oberstufenschülern um die Bühnendeko, Klausmeister geht der Technik-AG zur Hand, und Kommissar Plömsgens unterhält sich mit der Schulsprecherin.

Nur Trillerpfeifen-Theo habe ich heute noch nicht gesehen. Liegt wahrscheinlich mit Lampenfieber im Bett. Oder mit Laminier-Lara. Hoffentlich hält er sich an unsere Abmachung.

Die Stimmung bei den Schülern ist ausgelassen. Hauptsächlich natürlich, weil aufgrund der Vollversammlung die fünfte und die sechste Stunde ausfallen. Die 10a hat sich im hinteren Abschnitt der Pausenhalle einen VIP-Bereich eingerichtet. Es gibt bunte Energy-Drinks, und aus einer Bluetooth-Box dröhnt Deutsch-Rap.

Noch fünf Minuten, bis es losgeht. Zuerst spricht Kuschel-Ursel, dann ich und dann der wahrscheinlich höllisch verkaterte Theo. Anschließend werden die abgezählten Stimmzettel ausgegeben. Zwei Wochen haben die Schüler dann Zeit, ihre Stimmzettel in die Wahlurne vor dem Lehrerzimmer zu werfen.

Ich gehe in einen Seitengang, um mein Redemanuskript noch einmal durchzulesen. Meine eigenen Worte berauschen mich aufs Neue. Ich gestikuliere gedankenverloren und schmecke jeder Silbe nach. Am liebsten würde ich auf die Bühne rennen und das Mikrofon an mich reißen. Plötzlich höre ich Applaus. Es geht los. Die Schulsprecherin stammelt phrasenhafte Dankesworte in Richtung Schulleitung und übergibt schließlich an Kuschel-Ursel. Der Erste hat es immer am schwersten. Dazu kommt, dass Worte nicht Ursulas größte Stärke sind. Unglücklicherweise beginnt ihr Beitrag mit einer heftigen akustischen Rückkopplung, die nahe der Schmerzgrenze liegt. Die Schüler kreischen und halten sich die Ohren zu. Der Klausmeister rennt zum Mischpult.

Kuschel-Ursel (ruft in die Menge): »So viel zur neuen Feedbackkultur an unserer Schule! Die braucht auch keiner!«

Der Saal lacht. Sogar Kommissar Plömsgens schmunzelt.

Kuschel-Ursel: »Überhaupt brauchen wir so manches nicht, was *von oben* kommt!«

Ihre Stimme überschlägt sich mehrfach, während sie mit G8 und dem neuen Bildungsplan abrechnet. Man hat das Gefühl, Andrea Nahles hat von ihr Besitz ergriffen. Als sie die Schüler fragt, wer schon mal morgens mit Bauchschmerzen aufgewacht ist, weil der Leistungsdruck zu groß geworden ist, werden tausend Arme in die Höhe gereckt. Schließlich sind die Schüler nicht mehr zu bändigen. Ich gönn' es ihr.

Dann bin ich an der Reihe.

10 Minuten Redezeit, die einen Unterschied machen werden.

Leider gab es im Vorfeld einige Unkenrufe seitens derjenigen Kollegen, die mein Redemanuskript gelesen hatten: Sie meinten, es sei etwas zu pathetisch. Manche behaupteten sogar, ich hätte plagiiert.

Lächerlich.

Ich betrete langsam und kontrollierten Schrittes die Bühne. Gleichzeitig verlassen zwei bis drei Dutzend Schüler die Pausenhalle Richtung Schulkiosk. Ich ignoriere das, halte den Blickkontakt zur Menge und hebe mit fester, ruhiger Stimme an:

Herr Schröder: »Ich habe einen Traum ...«

Noch mal werfen sich gut zwanzig Oberstufenschüler lustlos ihre Rucksäcke auf den Rücken und verlassen den Saal. Ich unterbreche meine Rede mit einem scharfen: »Es herrscht Anwesenheitspflicht! Schließlich machen wir den Bums hier für *euch*!« Die Schüler setzen ihren Abgang unbeeindruckt fort. Die Fünftklässler kichern und wiederholen das Wort »Bums« hinter vorgehaltener Hand. Ich warte auf Stille und beginne von vorn, auch wenn Kommissar Plömsgens bereits mit dem Finger auf sein Handgelenk tippt, um mich an meine Redezeit zu erinnern.

Herr Schröder: »Ich habe einen Traum, dass eines Tages Schülerinnen und Schüler, Lehrerinnen und Lehrer miteinander am Tisch der Brüderlichkeit, äh, Geschwisterlichkeit sitzen werden und sagen können: ›Wir schaffen das!‹
Ich habe einen Traum, dass eines Tages der zahnbespangte Zauberwürfelrekordhalter der Turbo-G8-Klasse und der verhaltenskreative, gewaltbereite Schulhofssheriff sich ein versöhnliches High-Five geben und gemeinsam erkennen: Alle Menschen sind gleich.«

Die Oberstufenschüler kommen vom Schulkiosk zurück. Wahrscheinlich haben meine Worte sie doch erreicht. Ich spüre, wie ich eins werde mit dem Saal, und lege noch mehr Pathos in meine Stimme. Es riecht nach Frikadellenbrötchen.

Herr Schröder: »Ich habe einen Traum, dass uns die Overheadprojektoren den Weg in eine neue, bessere Zukunft leuchten: Aus Raucherecke wird Shisha-Lounge, aus Handyverbot wird Highspeed-WLAN, aus Bushaltestelle wird Hubschrauberlandeplatz.«

Die Oberstüfler verteilen M&M's an die Unterstufe. Ich spreche lauter, um gegen das Geraschel und die Musik aus Justins Boombox anzukommen.

Herr Schröder: »Denn erst wenn das letzte Arbeitsblatt laminiert und das letzte Gruppenpuzzle komplettiert wurde, werden wir erkennen: In der Schule des Lebens ist jeder Tag klausurrelevant.«

Mir steht der Schweiß auf der Stirn. Plötzlich platzt eine Tüte gelber M&M's und der Inhalt verteilt sich über die glatten Steinfliesen. Jubelnd hechten die Schüler den bunten Kugeln hinterher. Ich setze meinen Schlussakkord.

Herr Schröder: »Wir müssen endlich die Stühle im Kopf hochstellen, um ordentlich durchzufegen. Wir müssen die Notenspiegel zertrümmern, denn Scherben bringen Glück! Wir müssen die Tafel wischen und durchlüften. Wählt Schrödi, euren Silberstreif am Erwartungshorizont. Für eine bessere Zukunft. Danke.«

Stille. Torben-Manuel setzt auf mein Zeichen einen Impuls zum Klatschen.

Einige Fünftklässler schauen sich ratlos um und klatschen zögerlich mit. Ich verlasse die Bühne und gehe zurück an meinen Platz. Mein Cordjackett ist vom Stuhl gerutscht, und jemand ist draufgetreten. Der Rotstift in der Innentasche ist ausgelaufen. Mir war klar, dass meine Rede polarisieren würde. So geht es jedem Pionier. Aber ich werde Lehrer des Jahres. Wer etwas dagegen hat, soll jetzt sprechen – oder für immer schweigen.

Plötzlich wird die Aulatür aufgestoßen.

Tageslicht fällt in den Raum, und Trillerpfeifen-Theo steht im Lichtkegel.

Ein Raunen geht durch den Saal.

Theo tritt ans Rednerpult, kratzt seinen Dreitagebart, holt einen gefalteten Zettel aus der Hosentasche und breitet ihn vor sich aus. Dann räuspert er sich und beginnt mit gebrochener, sonorer Katerstimme seine Rede.

Trillerpfeifen-Theo: »Mein Beitrag wird sich vielleicht von den beiden anderen etwas unterscheiden. *(Pause)* Ich bin kein großer Redner. Nie gewesen. *(Pause)* Wenn du 'n Ölwechsel an deiner Suzuki brauchst, ruf mich an. Aber Reden schwingen? Das können andere besser. *(Streicht zärtlich über das Pult)* Wie viele von euch wissen, bedeutet mir die HFG viel. Und ich bin jeden Tag dankbar, Teil dieses tollen Teams zu sein. In vielen Kollegen habe ich treue Freunde gefunden. Aber ich bin erst neun Monate an dieser Schule und finde es daher nur fair, denjenigen Kollegen den Vortritt zu lassen, die sich schon länger um diesen Titel bewerben. *(Guckt eindring-*

lich zu Schröder) Außerdem – und das ist wahrscheinlich der wichtigste Grund – muss ich mich um mich und meine Krankheit kümmern.«

So still war es in der Aula noch nie.

Trillerpfeifen-Theo: »Nach drei Jahren völliger Alkoholabstinenz bin ich gestern Abend rückfällig geworden. Das ist kein Drama, es ist einfach passiert. Aber ein offener Umgang damit hat mir bisher immer am meisten geholfen. Und vielleicht ist das meine Botschaft an euch heute: Wenn ihr ein Problem habt, sprecht es aus. Das ist menschlich. Wenn ihr Ängste habt wegen schulischer Dinge, oder weshalb auch immer, teilt euch mit! Wenn ihr gemobbt werdet: Behaltet es nicht für euch, sondern vertraut euch jemandem an. Ihr seid nicht schwach, ihr seid verdammt stark, wenn ihr das tut.«

»Bravo!«, ruft Murat. Anastasia hat Tränen in den Augen.

Trillerpfeifen-Theo: »Wenn ihr etwas erreichen wollt, müsst ihr dafür kämpfen. Jeden Tag aufs Neue. Es wird einem nichts geschenkt. Aber ihr seid alle unfassbar talentiert. Na gut, bis auf ein paar Ausnahmen.«

Die Spannung im Saal löst sich in einem lauten Lachen.

Trillerpfeifen-Theo: »Auch mir wurden viele Steine in den Weg gelegt. Aber jedes Hindernis hat mich stärker gemacht. Deshalb möchte ich auch meinem Freund Herrn Schröder danken, dass er mich gestern wieder zum Alkohol gebracht hat, denn er hat mir gezeigt, wie weit der Weg für mich doch noch ist. *(Deutet mit großer Geste auf mich)* Verurteilt ihn nicht! Er ist auch nur ein Mensch aus Fleisch und Cord. Für ihn ist diese Wahl einfach unglaublich wichtig. Wählt Herrn Schröder.«

Buhrufe erfüllen die Aula. Zerknüllte Brottüten und Stifte fliegen quer durch den Raum. Theo hebt beschwichtigend die Arme.

Trillerpfeifen-Theo: »Ruhe bitte! Mein Weg wird noch steinig und schwer. Aber mit der HFG im Rücken fühle ich mich gewappnet. Lehrer des Jahres muss ich nicht werden, denn etwas anderes ist viel wichtiger: Jede und jeder Einzelne von euch ist für mich Schülerin und Schüler des Jahres.«

Standing Ovations. Kuschel-Ursel liegt Zeit-Axel weinend in den Armen.

Die Veranstaltung ist zu Ende. Normalerweise strömen die Schüler sofort aus dem Gebäude, aber dieses Mal ist es anders. Alle stehen noch beisammen und tauschen sich aus. Dann kommt Trillerpfeifen-Theo auf mich zu. Er greift in seine Hosentasche und holt einen Zettel hervor. Sein gefaltetes Redemanuskript. Er drückt es mir in die Hand und verschwindet in einem Seitengang. Ich entfalte den Zettel. Es steht nur ein Satz darauf. *Fick dich, Schrödi.*

Kapitel 21 ✏️

Rehabilitierung im Hallenbad –
Schrödi aus der Asche

Eins zu null für die bildungsferne Spaßgurke.

Nach diesem Auftritt wird es schwer, das Spiel noch mal zu drehen. Schöne Scheiße. Theo hat sich bei der Vollversammlung komplett nackt gemacht und damit sämtliche Sympathiepunkte auf seinem Konto verbuchen können. Was für ein Kunstschuss ins Eck. Sauber verwandelt. Das muss man neidlos anerkennen.

Und so wie ich mein Glück mittlerweile kenne, werden mir die anderen Bumerange, die ich in den letzten Wochen ins Nichts geworfen habe, auch noch um die Ohren fliegen. Vielleicht sollte ich es einfach machen wie Theo. Alles bekennen und Besserung geloben. *All stripped down:* »Hey Leute. Wisst ihr was? Ich habe das Tagebuch von Anastasia geklaut. Meinen Kollegen zum Alkohol verführt. In Amsterdam aus Versehen Drogen genommen. Aber warum macht jemand so etwas? Doch nur aus Angst, in den Augen der anderen als ›ungenügend‹ oder ›mangelhaft‹ dazustehen.« An dieser Stelle würde ich noch den Welpenblick aufsetzen. »Bin ich nicht trotzdem ein Mensch, der es verdient, geachtet und respektiert zu werden?«

Aber nein, das würde wieder nach Plagiat aussehen. Billige Theo-Nachmache.

Ich muss es, wie schon oft, auf meine Art lösen: Schrödi aus der Asche. So hart mein Aufprall war, so glorreich wird meine Auferstehung. Ich habe es doch wirklich immer nur gut gemeint! Und genau das ist das Problem. Ich wollte alles im Alleingang regeln, und jetzt stehe ich mit dem Rücken zur Wand. Aber noch ist nichts entschieden. Oder, wie ein kluger Mann mal gesagt hat: Ein Spiel dauert neunzig Minuten, und am Ende gewinnen immer die Deutschlehrer.

Noch ist Trillerpfeifen-Theo *nicht* gewählt.

Noch habe ich ein paar Tage Zeit.

Ich werde das Spiel wieder an mich reißen. Zum Beispiel heute beim Ausflug ins Hallenbad.

Dienstag, 10:11 Uhr. In der Luft liegt dieser unvergleichliche Mischgeruch aus Frittenfett und Chlor. Bevor sich alle ins kühle Nass stürzen, halte ich eine kurze Ansprache.

Herr Schröder: »Liebe Schülerinnen und Schüler, noch mal zur Erinnerung, es handelt sich um eine Schulveranstaltung. Das heißt, es gelten die Genfer Konventionen.«

Keine Reaktion.

Herr Schröder: »Spaß! Wir sind natürlich heute hier, um uns etwas zu erfrischen und ein bisschen Brust zu kraulen!«

Trillerpfeifen-Theo (unterbricht ihn): »Und vielleicht gehen wir sogar ins Wasser.«

Alle lachen.

Herr Schröder: »Sehr witzig, Theo. Aber der Anlass ist durchaus ein ernster. Hier! *(zeigt auf Murat)* Der kann nicht schwimmen! Und jetzt stell dir mal vor, er muss – aus welchen schrecklichen Gründen auch immer – zurück übers Mittelmeer, wie seine Verwandten da aus Aleppo.«

Murat (motzend): »Alta, ich bin dritte Generation. Meine Familie kommt aus Izmir.«

Herr Schröder: »Izmir bewusst.«

Ich lache.

Anastasia: »Boa, Herr Schröder. Ist mal gut jetzt.«

Trillerpfeifen-Theo (mit sanftem Timbre): »Was der Herr Schrödi hier in seiner Unbeholfenheit sagen will: Wir sind *eine* Klasse. Wir sind die 10a. Wir sitzen alle in einem Boot. Wenn einer untergeht, ertrinken wir alle.«

Klasse applaudiert.

Herr Schröder: »Sag ich ja. Also, Leute, jetzt gehen alle noch mal ...«

Klasse rennt los.

Herr Schröder: »... unter die Dusche ...«

Trillerpfeifen-Theo: »Jo, Schrödi, die Meute hast du ja im Griff.«

Herr Schröder: »Weißt du, Theo, es macht mir nichts aus, vor den Schülern auf heile Welt zu machen. Aber hier unter vier Augen brauchst du dir nicht einbilden, dass wir dicke Freunde sind! Wir hatten einen Deal.«

Trillerpfeifen-Theo: »Du hast meine labile Situation ausgenutzt, um dir einen Vorteil zu verschaffen!«

Herr Schröder: »Quatsch! Wir haben 'n Bierchen getrunken. Und du hast gesagt: Schrödi, Lehrer des Jahres, mach du das mal! Du wolltest zurücktreten.«

Trillerpfeifen-Theo: »Das hab ich im Suff gesagt! Dir ist außerdem schon klar, dass Kuschel-Ursel auch noch kandidiert und mein Rücktritt alleine dich noch nicht zum Lehrer des Jahres macht?«

Herr Schröder: »Ach, Kuschel-Ursel ist doch chancenlos! Die soll mal ihre Kresse halten. Du hast an dem Tag eine dermaßen flammende Rede gehalten, von wegen, mimimimi, ich hab ein Problem, kann mir bitte jemand helfen? Eingeschleimt hast du dich, widerwärtig eingeschleimt!«

Trillerpfeifen-Theo: »Schrödi. Ich hab wirklich ein Problem.«

Herr Schröder: »Als Pädagoge weiß man doch, dass Kinder so leicht beeinflussbar sind. Die haben noch eine reine, unverdorbene Seele. Das darf man nicht ausnutzen!«

Die Schüler kommen aus den Umkleiden und rennen kreischend Richtung Wasserrutsche.

Herr Schröder (schreit ihnen nach): »Passt auf den Murat auf! Wir treffen uns in zehn Minuten am großen Becken!«

Justin (im Vorbeirennen): »Klar, Schrödi! Nur einmal rutschen!«

Die Schüler rennen die Wendeltreppe hoch.

Trillerpfeifen-Theo: »Wie willst du dem Murat eigentlich schwimmen beibringen?«

Wir gucken hoch zur Wasserrutsche. Einer nach dem anderen stürzt sich mit Geschrei in die Rutsche. Murat ist der Letzte in der Reihe. Unten, am Ausgang der Rutsche, stehen die Schüler im Sammelbecken und feuern ihn an. Dann recken auch Trillerpfeifen-Theo und ich die Fäuste in die Luft und rufen: »Murat, Murat, Murat!« Mit einem beherzten Sprung und unter dem Jubel seiner Klassenkameraden schwingt sich Murat in die dunkle Röhre.

Herr Schröder (wendet sich zu Theo): »Was Schule nicht alles zu leisten vermag, oder? Das, was da gerade vor unseren Augen passiert, steht in keinem Curriculum. Der ganze Driss, den die im Kultusministerium immer lang und breit bequatschen, wird hier intuitiv an der Wasserrutsche – also quasi am Geburtskanal der Integration – umgesetzt: Migration, Eingliederung, Flüchtlinge ...«

Trillerpfeifen-Theo (unterbricht ihn): »Geflüchtete.«

Herr Schröder: »Wie?«

Trillerpfeifen-Theo: »Es heißt Geflüchtete. Nicht Flüchtlinge.«

Justin (am Ausgang der Rutsche stehend): »Herr Schröder!!!!«

Herr Schröder: »Einen Moment, Justin, wir unterhalten uns gerade.«

Justin (lauter): »Aber Herr Schröder!«

Trillerpfeifen-Theo (zur Klasse rüber rufend): »Ganz kurz mal, Leute: Findet ihr es okay, dass der Herr Schröder von Flücht*lingen* spricht?!«

Anastasia (schreit): »Ich mag's generell nicht, wenn Herr Schröder redet, aber das ist gerade mal egal. Wir brauchen hier Hilfe! Wir haben echt ein Problem!! Murat ist weg!!!«

Erst jetzt sehe ich, dass alle am Beckenrand sitzen außer Murat. Trillerpfeifen-Theo streift im Laufen sein Muskelshirt ab und hechtet in das hüfthohe Sammelbecken.

Herr Schröder: »Ah okay, du machst … sonst hätte ich … mein T-Shirt, na ja, dann guck du hier unten, ich geh mal hoch zur Rutsche. Vielleicht kann ich von da oben was sehen. Ist hier eigentlich nirgendwo Personal?«

Torben-Manuel rennt los, um den Bademeister zu suchen. Anastasia, Lisa-Marie, Justin und Theo durchkämmen das Becken. Ich steige die Wendeltreppe hinauf. Oben angekommen, stelle ich mich an die Brüstung und scanne die Umgebung. Kein Murat weit und breit. Alles, was ich sehe, sind Omis mit Schwimmhauben, die in Zeitlupe ihre Bahnen abarbeiten, und eine Gruppe Rentner bei der Wassergymnastik. Plötzlich tippt mir jemand von hinten an die Schulter. Ich drehe mich um. Ein fremdes Kind steht vor mir: »Wir würden gerne rutschen, aber da steckt noch einer fest. Der sagt, er kann nicht schwimmen.« Ich lache laut auf und rufe runter zum Sammelbecken.

Herr Schröder: »Leute, ich hab ihn gefunden!«

Die Schüler jubeln mir zu. Das ist mein Moment! Ich baue mich an der Brüstung auf und räuspere mich.

Herr Schröder: »Seht ihr, wir sind *eine* Gang, wir sind die 10a! Auch wenn ich in der Vergangenheit viele Fehler gemacht habe, so bin ich doch immer einer von euch gewesen. Und, äh ... als wir in Amsterdam waren ... und, äh, das mit Anasta...«

Eine Lautsprecherdurchsage unterbricht meine emotionale Ansprache, die ohnehin niemanden interessiert hatte: »Achtung, Achtung, bitte die Rutsche freigeben.«

Als Murat schließlich unten ins Sammelbecken schießt, wird er applaudierend willkommen geheißen. Refugees welcome.

Alle schwimmen zu ihm und wollen ihn aus dem tiefen Wasser ziehen. »Nee, Leute«, japst Murat, »lasst mich mal ... ich glaub, es geht.« Justin und Anastasia geben Murat Hilfestellung, und er macht die ersten Schwimmbewegungen. Alle jubeln.

Trillerpfeifen-Theo wuchtet seinen Astralkörper schwungvoll aus dem Becken und kommt auf mich zu.

Trillerpfeifen-Theo: »Schrödi, dir ist schon klar, dass wir unsere Sorgfaltspflicht heute schwer vernachlässigt haben, oder?«

Herr Schröder: »Wieso denn, ich habe Murat doch gefunden und ihm die entscheidenden motivierenden Worte mit auf den Weg gegeben. *(An die ganze Klasse)* Ich habe es euch doch gesagt! Einer für alle, alle für einen. Ich bin die Hebamme am Geburtskanal der Integration!«

Anastasia: »Jetzt lassen Sie doch mal Ihre peinlichen Metaphern. Murat schwimmt!«

Und tatsächlich. Als hätte er in seinem Leben nie etwas anderes getan, gleitet der junge Türke durch das türkisfarbene Wasser.

Herr Schröder: »Seht ihr? Ich bin für euch da, euer Schrödi-Hasselhoff, Sternzeichen Seepferdchen! Als ich oben an der Rutsche stand und sah, wie Murat sich im Tunnel mit letzter Kraft festhielt, um nicht in die tosenden Fluten zu stürzen, wusste ich instinktiv: Dieser Junge braucht nichts weiter als ein bisschen Mut. Also fasste ich mir ein Herz und sprach ...«

Murat: »Bullshit, Mann! Sie haben mich geschubst!«

Herr Schröder: »Na ja, was ist denn Pädagogik, wenn nicht ein metaphorisches Schubsen?«

Murat: »Aber Sie haben mich tatsächlich geschubst.«

Trillerpfeifen-Theo schaut mich irritiert an.

Herr Schröder: »Was zählt, ist das Ergebnis. Gut, Kinder. Duschen, umziehen und dann zurück zur HFG.«

Kapitel 22 🖉

Die Gedanken sind frei ... zugänglich – das Kopierzimmer

Ich muss endlich das Tagebuch loswerden. Mein sorgsam ausgearbeiteter Plan lautet: duplizieren, archivieren, Original retournieren. Seit Tagen hatte ich auf einen kurzen, ruhigen Moment im Kopierzimmer gelauert. Nun war das zum Glück endlich erledigt. Gleich werde ich das Buch unauffällig ins Klassenzimmer der 10a zurückschmuggeln.

Bis zum Beginn des Unterrichts bleibt noch ein bisschen Zeit. Ich schlendere pfeifend den zu dieser Tageszeit leeren Flur entlang und verbummele die Minuten. Plötzlich höre ich Stimmengewirr aus dem Kopierzimmer. Einzelne Wortfetzen dringen an mein Ohr: »... Schulleitung ... fristlos ... Personalgespräch ... Abmahnung ... Drecksschwein ...«

Was geht hier vor? Ich stoße die Tür auf.

Das Kopierzimmer einer Schule bietet intime Einblicke in die Arbeitsweise der Kollegen. Natürlich tauscht man sich auch mal im Gespräch didaktisch und methodisch aus. Aber ein wirklich authentischer Eindruck entsteht erst, wenn man unter der Kopierklappe versehentlich liegen gelassene Arbeitsmaterialien findet. Jedes Arbeitsblatt hat seine ganz individuelle Signatur: Die schlampige Formatierung eines ausgeblichenen Klimadiagramms deutet zweifelsohne auf den uninspirierten Erdkundeunterricht von Trillerpfeifen-Theo. Eselsohren und Kaffeetassenränder findet man am häufigsten bei Zeit-Axels Vorlagen. Und das Eine-Welt-Laden-Recycling-Papier, das sich anfühlt wie die Totenmaske Jesu, erlaubt Rückschlüsse auf Kuschel-Ursel.

All diese herrenlosen Dokumente werden an einer eigens dafür aufgehängten Pinnwand gesammelt, damit sie wieder zu ihrem rechtmäßigen Urheber zurückfinden. Im Kollegenkreis wird dieses Korkbrett »Wall of Shame« genannt.

Manche Fundstücke werfen jedoch Rätsel auf: Wem erschien es wichtig, die AGBs von Pornhub zu vervielfältigen? Wer hatte die Absicht, seine Laborwerte mit der Klasse zu teilen? Und welcher Lehrer untermauert seinen Unterricht mit dem eigenen Steuerbescheid?

Können die kyrillischen Überweisungsträger noch eindeutig dem Klausmeister zugeordnet werden, so entzieht sich ein REWE-Einkaufsbeleg jeder Deutung: Für welche Schulveranstaltung war es notwendig, eine Töröööö!-Torte, acht Dosen Elefantenbier, eine Lorenz-Knabberbox, zwei Boxbeutelflaschen Portwein, eine Familienpackung Mäusespeck, drei Schachteln Roth-Händle #nofilter und eine Hornhautraspel zu kaufen? Und das Ganze an einem Dienstag um 10:42 Uhr (große Pause)? Es bediente Sie Herr Moog.

Doch heute klingen die Stimmen der Kollegen irgendwie humorloser und aufgebrachter als bei sonstigen Fundstücken. Fast hysterisch.

Herr Schröder (kommt rein): »Na, was tuschelt ihr so? Hat Theo mal wieder eine Referendarin geschwängert?«

Zeit-Axel, Kuschel-Ursel, Trillerpfeifen-Theo und der Klausmeister stehen um den Kopierer und sehen mich entgeistert an. Das lange Schweigen wird von Kuschel-Ursel unterbrochen.

Kuschel-Ursel: »Achte auf deine Gedanken, denn sie werden zu Worten, achte auf deine Worte, denn sie werden zu Taten, achte auf deine Taten, denn ... – Wir haben das hier unter dem Kopiererdeckel gefunden!«

In ihren zitternden Händen hält sie ein senfgelbes Buch.

Kuschel-Ursel: »Das ist offenbar das Tagebuch von Anastasia Wiesner, 10a. Irgendjemand muss es fotokopiert haben.«

Zeit-Axel: »So ein Schwein!«

Trillerpfeifen-Theo: »Das ist doch das Allerletzte!«

Ich blicke fassungslos in die Runde und stimme schließlich mit ein.

Herr Schröder: »Die Gedanken sind frei. Wer kann sie erraten? Ich finde, niemand sollte sie erraten müss... äh: dürfen. Die Privatsphäre des Menschen ist unantastbar. Ich habe einen Traum ...«

Trillerpfeifen-Theo: »Schrödi, jetzt halt mal den Ball flach. Wir wollen wissen, welcher Penner sich einfach am Tagebuch einer Mitschülerin vergreift!«

Herr Schröder: »Ja, klar, es muss ein Mitschüler gewesen sein.«

Kuschel-Ursel (wendet sich an Klausmeister): »Herr, äh ... Klausmeister, ist es theoretisch möglich, den letzten Kopiervorgang zu rekonstruieren? Wer am Gerät dran war?«

Der Klausmeister kaut auf einem Zahnstocher herum und schiebt ihn langsam vom linken in den rechten Mundwinkel.

Klausmeister: »Jeder Lehrer hat eigenen Code. Muss ein Lehrer gewesen sein ...«

Herr Schröder (unterbricht ihn hastig): »Es wäre aber doch ebenso denkbar, dass ein Schüler oder eine Schülerin den vierstelligen Code geknackt hat. Die halbe Schule weiß, dass Theos Code 0190 ist.«

Trillerpfeifen-Theo: »Stimmt doch gar nicht!«

Zeit-Axel (kichernd): »Würde aber passen.«

Kuschel-Ursel: »Das ist hier gerade wieder ganz viel Material für den Kummerkasten. Deine sexistischen Sprüche kannst du dir echt mal abgewöhnen, Axel!«

Herr Schröder: »Finde ich auch. Es geht immerhin um die intimen und zugegebenermaßen stellenweise recht kitschigen Gedanken eines aufblühenden jungen Mädchens auf der Suche nach …«

Die Runde schaut mich fragend an.

Trillerpfeifen-Theo: »Woher weißt du das?«

Herr Schröder: »Was? Nee, ich bin, also wir sind … ich habe Anastasia doch im Unterricht, also ihre Texte aus dem kreativen Schreiben … die als blumig zu bezeichnen wäre noch untertrieben. Dagegen wirkt Paulo Coelho wie Martin Semmelrogge.«

Alle stehen ratlos im Halbkreis. Im Hintergrund das monotone Brummen des Kopierers, die Luft riecht nach Toner und Schuld.

Zeit-Axel: »Sollen wir vielleicht mal einen Blick reinwerfen, bevor wir's der Schulleitung übergeben?«

Kuschel-Ursel (Stimme überschlägt sich): »Du bist doch bescheuert!«

Zeit-Axel (sich rechtfertigend): »Vielleicht bekommen wir einen Hinweis auf den möglichen Täter.«

Herr Schröder: »Oder die Täterin.«

Klausmeister geht zur Tür und schließt von innen ab.

Dienstag
Ich beneide die Eichhörnchen, wie sie sich
wild um die Tischtennisplatte jagen. Sie sind
frei. Pure Freude am Leben. Sie fragen nicht
nach der Erzählperspektive oder dem herme-
neutischen Zirkel. Sie scheren sich nicht um
binomische Formeln. Ich beneide die Amsel,
wie sie dort sitzt, auf dem höchsten Punkt
des Dachfirsts. An der Spitze der Hypotenu-
se. Diesen Ort hat sie sich ausgesucht. Ohne
Berechnung mit dem Strahlensatz, sie wusste einfach: Hier gehör' ich hin. Von dort oben
trällert sie ihre Lieder. Ich glaube, sie ruft
mir zu: Öffne deine Flügel und verlass dein
Nest. Du wirst getragen.

Zwei Stunden später bei der Pausenaufsicht auf dem Schulhof kommt Klausmeister auf mich zu.

Klausmeister: »Schrödi, kannst du mir Gefallen tun? Mein Parkplatz, der ist so weit weg von der Schule. Und deiner. Nicht.«

Herr Schröder: »Ja, das tut mir leid, aber das ist natürlich auch so 'n Hierarchie-Ding.«

Klausmeister (lacht): »Hierarchie? Ich kenne nur Anarchie. Weißt du, ich habe in meinem Leben viele Dinge gelernt. *(Pause)* Ein altes kaukasisches Sprichwort sagt: Wenn du Ziegenhufe hörst, denk nicht an ein Wildpferd.«

Herr Schröder (ungeduldig): »Sag mal, wovon redest du überhaupt?«

Klausmeister (sehr ruhig): »Der Kopierer. Hat eine Memoryfunktion. Anastasias Tagebuch wurde mit dem Lehrer-Code 0815 kopiert. Musste bei der Zahl irgendwie an dich denken.«

Herr Schröder: »Äh, ich hatte mir für dieses Jahr sowieso vorgenommen, viel öfter mit dem Fahrrad zu kommen … Der Parkplatz gehört dir.«

Klausmeister: »Hvala.«

Kapitel 23 🖉

Können wir 'nen Film gucken? – die Lehrerkonferenz

14:05 Uhr, Lehrerzimmer. Vor fünf Minuten sollte die Konferenz losgehen. Aber Kommissar Plömsgens ist noch immer im Gespräch mit den Wiesners. Die Wogen nach Diary Gate wieder glätten.

Vielleicht haben wir ja Glück. Wenn er in sieben Minuten nicht da ist, gehe ich. Während Klausmeister vorne mit dem Beamer zugange ist, holen die Referendare ihre Collegeblöcke raus und spitzen ihre Bleistifte an.

Hoffentlich gucken wir 'n Film.

Jemand tritt von hinten gegen meinen Stuhl. Ich drehe mich um. Trillerpfeifen-Theo, wie immer bestens gelaunt. Plötzlich flucht Klausmeister auf Polnisch und rennt aus dem Raum. Anscheinend fehlt irgendein Kabel. Wenn der Plömsgens in fünf Minuten nicht da ist, gehe ich.

Es klopft zaghaft an der Lehrerzimmertür. Marvin Seidelmeyer. Immer noch auf Fleißbienchen-Jagd? Niemand beachtet ihn. Die gesamte Lehrerschaft ist mit sich selbst beschäftigt. Notenlisten, Streitschlichterseminar, steuerliche Absetzbarkeit des Arbeitszimmers, Studienfahrt-ziele, MPU. Die ausgelegten Werbeflyer für das Chemie-theater »Die Entdeckung der Marie-Curie-Wurst« landen direkt im Papiermüll.

Wenn der Plömsgens in zwei Minuten nicht hier ist, dann geh ich.

Gerade als ich meine Sachen zusammenpacken will, be-tritt der stellvertretende Schulleiter den Raum. Mist. Ent-schlossen erhebt er die Stimme.

Kommissar Plömsgens: »Ehm, ganz kurz mal vorab, be-vor wir anfangen: Also, Kollegen, die vakante Schullei-terstelle konnte, wie ihr euch alle schon gedacht habt, auch fürs nächste Schuljahr nicht besetzt werden ... Deshalb bleibt hier an der HFG alles wie gehabt.«

Trillerpfeifen-Theo: »Geil!«

Zeit-Axel fängt an, Physiktests zu korrigieren, Kuschel-Ursel hat ihre Stricknadeln rausgeholt.

Kommissar Plömsgens: »Leute, bitte, ein bisschen Ruhe und Disziplin wird man doch wohl ... Wir haben heute wirklich ein paar ziemlich wichtige Sachen zu bespre-chen. (*fummelt am Laptop*) Warum geht denn der scheiß Beamer nicht? Wo ist der Klausmeister?«

In dem Moment kommt Klausmeister wütend zur Tür rein, in der Hand einen Wust Kabel. Nach einigen Minuten und viele fremdsprachige Flüche später ist der Beamer angeschlossen. Kommissar Plömsgens hat bereits sein Jackett ausgezogen und die Krawatte gelockert. Er läuft nervös hin und her.

Kommissar Plömsgens: »Vielen Dank, dass Sie hier den Beamer und so, aber wir würden jetzt gerne mit der Konferenz beginnen …«

Der Klausmeister guckt ihn schweigend und stirnrunzelnd an.

Kommissar Plömsgens: »Herr Klaus… äh …, bitte, das sind vertrauliche Themen, ausschließlich Lehrpersonal darf dabei anwesend sein.«

Der Klausmeister rührt sich nicht.

Kommissar Plömsgens (sich ergebend): »Na gut, dann bleiben Sie halt.«

Mittlerweile hat er es geschafft, die Tagesordnungspunkte an die Wand zu projizieren:

Tagebuchdiebstahl u. a. Mobbingvorfälle
Verhalten auf Studienfahrten
Abschlussfeier 10. Klassen
Abstimmung über die Kontingentstundentafel
Neue Fruchtschorle in der Mensa

Das Lehrerzimmer stöhnt kollektiv auf. Wie lange soll das hier heute dauern?

Nur Trillerpfeifen-Theo und Laminier-Lara scheinen keine Eile zu haben. Sie machen neckische Schattenspiele mit dem Beamerlicht. Adler kämpft gegen Yorkshire-Terrier. Oder sind es kopulierende Krokodile?

Plömsgens räuspert sich und spricht mit leicht gebrochener Stimme weiter.

Kommissar Plömsgens: »So, der erste Punkt ist leider ein sehr ernster. Inzwischen ist klar, dass einer Schülerin ein privates Dokument entwendet wurde. Es ist zum Glück wieder aufgetaucht. Entwarnung können wir trotzdem nicht geben, denn möglicherweise hat der Dieb Kopien angefertigt, die er oder sie theoretisch irgendwann zum *(holt tief Luft)* Cybermobbing benutzen könnte. *(Seufzt)* Insgesamt müssen wir an der HFG viel wachsamer werden, Kollegen! Die Kinder heutzutage sind so vielen destruktiven Einflüssen ausgesetzt. Im Internet. Und mit den ganzen Ballerspielen. Ich weiß nicht, ob ihr euch erinnert, aber in diesem Schulhalbjahr ist auch schon der vollgepackte Schulranzen eines Sechstklässlers aus einem Fenster auf den Hof geflogen. Was dabei alles hätte passieren können! Wir konnten das übrigens mittlerweile etwas genauer eingrenzen: Der Vorfall muss sich an einem Mittwoch in der sechsten Stunde im Unterstufentrakt zugetragen haben. Also entweder in Ihrem Unterricht, Herr Schröder, oder bei Ihnen, Frau Fink.«

Herr Schröder (mit zitternder Stimme): »Ich finde das wahnsinnig unpassend, dass wir hier mit Victim blaming und öffentlichen Schuldzuweisungen arbeiten. Genau so bekämpft man Mobbing nämlich nicht.«

Kommissar Plömsgens möchte etwas sagen, doch ich lasse ihn nicht zu Wort kommen.

Herr Schröder: »Und ich finde es wirklich unmöglich, dass ausgerechnet die Kollegin, die sich seit Jahren für ein friedliches Miteinander an dieser Schule engagiert, in eine solche Ecke gerückt wird, vor allem auch in Anbetracht ihrer Diagnose. Man kann seine Augen nicht überall haben! Ursula Fink ist trotz ihrer körperlichen Einschränkungen eine hervorragende Pädagogin, auf die ich nichts kommen lasse!«

Kommissar Plömsgens: »Es ist ja noch gar nicht abschließend bewiesen, dass Frau Fink ihre Aufsichtspflicht ...«

Kuschel-Ursel (knallt ihre Stricknadeln auf den Tisch): »Eine Unverfrorenheit! Nur weil ich keine neunundzwanzig mehr bin, heißt das nicht, dass ich meine Klassen nicht im Griff habe. Da könnte ich, wenn ich wollte, von anderen ganz andere Geschichten ...«

Unter den Lehrern fängt es an zu rumoren.

Kommissar Plömsgens (beschwichtigend in die Runde): »Ich merke, die Gemüter sind erhitzt, das ufert mir jetzt hier etwas zu sehr aus. Wir werden dazu im nächsten Jahr auf jeden Fall eine Weiterbildung beantragen. Verpflichtend für alle. Und damit können wir jetzt vielleicht zu Punkt zwei übergehen ...«

Herr Schröder (herausplatzend): »Außerdem hat der Marvin seinen Rucksack doch unbeschadet wiedergekriegt. Max hat ihn selbst wieder reingeholt.«

Stille.

Kommissar Plömsgens: »Woher wissen Sie denn, dass das der Max war?«

Kuschel-Ursel: »Nur weil er eine Lernbehinderung hat, oder wie?«

Herr Schröder: »Nein, weil er ... er hat ... Könnten wir jetzt bitte zu Punkt zwei übergehen, ich denke, es ist alles gesagt.«

Betretenes Schweigen.

Während die restlichen Tagesordnungspunkte an uns vorbeirauschen, versinkt jeder Lehrer in seinen eigenen Gedanken. Zeit-Axel schüttelt den Kopf und verzweifelt an den Physiktests. Kuschel-Ursel schlürft grünen Tee und strickt eine Stulpe. Oder einen Pulli. Das kann man zu diesem Zeitpunkt noch nicht erkennen. Trillerpfeifen-Theo macht Liegestütze im hinteren Bereich des Lehrerzimmers. Einarmig. Laminier-Lara schaut ihm aufmerksam zu. Die anderen Referendare stenografieren die Worthülsen von Kommissar Plömsgen mit.

Zwei Stunden später: endlich Ende. Der Klausmeister baut den Beamer wieder ab, während Plömsgens die üblichen Schlussworte über uns ausgießt.

Kommissar Plömsgens: »Na gut, eigentlich wär's das auch. Vielen Dank, dass ihr alle so toll mitgearbeitet habt. Und jetzt allen noch einen schönen Feierabend.«

Plötzlich erklingt eine piepsige Stimme. Marvin Seidelmeyer hat die gesamte Konferenz über in einer Ecke des Lehrerzimmers gewartet, ohne dass es jemand mitbekommen hat.

Marvin (leise): »Ich wollte auch noch was sagen: Ich laufe in den Pausen manchmal heimlich durch die leeren Flure, und da habe ich gesehen, wie der Herr Schröder auf dem Weg zum Kopierzimmer ...«

Ich eile zu ihm, wedele mit meinen Fleißbienchen-Aufklebern vor seiner Nase rum und schiebe ihn schnell aus dem Lehrerzimmer.

Herr Schröder (über die Schulter zu den Kollegen): »Ach ja, der kleine Marvin, so ein aufgewecktes Kind, auch im Deutschunterricht! Wir müssen wirklich dringend mal einen Kompagnon für ihn finden, damit er nicht jede Pause alleine ist und sich Fantasiegeschichten ausdenken muss.«

Kapitel 24 🖊

Irgendwas mit Medien – die Berufsberatung

Da hegt und pflegt man die Sprösslinge so lange, bis sie bereit sind, sich zu entwurzeln – und dann steht man da, mit halbvoller Gießkanne, und kann nur noch zuschauen, wie sie über sich hinauswachsen. Immer wenn die Schüler sich nach dem Abschluss ins Leben stürzen, sage ich ihnen, sie sollen es lieb von mir grüßen.

»Was willst du mal werden?« – Diese Frage steht in den letzten Deutschstunden der 10a im Mittelpunkt. Jeder Schüler und jede Schülerin sollte sich für den Sommer einen Praktikumsplatz suchen. Natürlich hat meine Klasse eine sehr klare Vorstellung davon, was sie interessieren könnte: Mal im Filmstudio hinter den Kulissen der Lieblingsserie Show-Luft schnuppern. Dem Stuntman das Sprungtuch präparieren. Als Spieletester einen Haufen Geld verdienen. Doch am Ende ist es immer dasselbe. Kaum einer hat sich rechtzeitig gekümmert. Also landen die Schüler beim Ordnungsamt oder in der Schulkantine. Die haben immer Praktikumsplätze frei.

Herr Schröder: »Anastasia! Wo hast du dich beworben? Du schreibst doch gerne. Verlag Wiepenheuer & Kitsch?«

Anastasia: »Boah, Herr Schröder. Ich hab Ihnen doch gesagt, dass die mich schon längst genommen haben bei Amnesty International.«

Herr Schröder: »Ja, Mensch, warum nicht mal eine höhere intellektuelle Gewichtsklasse anstreben? Meine Mutter hätte jetzt zwar gesagt ›Schröder, bleib bei deinen Leisten‹ – aber du mach ruhig.«

Anastasia: »Ich engagiere mich schon mein ganzes Leben lang politisch, Herr Schröder.«

Herr Schröder: »Schon in der antikapitalistischen Krabbelgruppe gewesen, was?«

Anastasia: »Ihre Generation hat die Revolte doch nur als Ausrede fürs Haschischrauchen vor Sonnenuntergang missbraucht.«

Herr Schröder: »Ich möchte deinen juvenilen Drang zu zivilem Ungehorsam überhaupt nicht zügeln. Im Gegenteil! Ich werde natürlich auch vorbeikommen und dir einen Mentorenbesuch abstatten.«

Anastasia: »Muss das sein? Die Leute da sind Vorbilder

für mich. Die stehen für etwas. Die haben Ideale und Überzeugungen. *Sie* passen da nicht rein ...«

Die Klasse hat sich entspannt zurückgelehnt und knabbert Popcorn.

Murat: »Boa krass, voll der Beef! Oldschool vs. Newschool.«

Herr Schröder: »Wie bitte, Anastasia? Ich hab schon antifaschistische Parolen gegrölt, da warst du noch ein freudiges Leuchten in den Augen eines Postboten. *(Klasse quiekt)* Als du noch in Muttis Geburtskanal feststecktest *(Klasse quiekt lauter)*, hab ich mich schon in Gorleben an die Gleise gekettet.«

Anastasia: »Jajaja, jetzt wollen Sie wieder Ihr Alter und Ihren Altherrenhumor gegen mich ausspielen. Sie sehen doch nur nicht ein, dass *Sie* Ihre Träume und Lebensziele schon vor Jahrzehnten ins Endlager geschickt haben.«

Das hat gesessen. Anastasia schaut mich triumphierend an. Erkenne ich da in ihrem scharfen Blick sogar eine Spur Mitleid?

Herr Schröder (ablenkend): »So, genug von Anastasias Karriereplänen ... Wer von euch anderen High Potentials hat denn auch schon einen Praktikumsplatz?«

Niemand traut sich, etwas zu sagen. Die Stimmung ist am Nullpunkt.

Herr Schröder: »Justin, wie sieht's bei dir aus?«

Justin: »Ich hab noch nichts.«

Herr Schröder: »Das wird aber jetzt langsam eng. Als was hast du dich beworben?«

Justin: »Influencer bei YouTube.«

Herr Schröder: »Wo schreibt man denn da hin?«

Justin: »Ich hab die Bewerbung bei meinem Lieblings-YouTuber unters Video gepostet.«

Herr Schröder: »Und?«

Justin: »Drei Likes.«

Herr Schröder: »Was hast du denn geschrieben?«

Justin: »Ich könnt's ja mal vorlesen. Aber wir haben doch Smartphone-Verbot im Unterricht.«

Herr Schröder: »Na, das hat ja jetzt direkten Unterrichtsbezug. Geht in Ordnung.«

Justin holt sein Handy raus. Der Rest der Klasse tut es ihm sofort nach.

Justin (liest vor): »hey Julien Bam ich feier dich voll für dein zeug. jetzt haben wir hier in der schule so berufliche orient wochen oder so. kann ich ma bei dir praktikum machen?«

Herr Schröder: »Ja, super. Hat sich doch gelohnt, dass ich euch in den letzten Stunden vermittelt habe, wie man eine Bewerbung formuliert und was beim Lebenslauf wichtig ist. Nee, mal im Ernst, Justin. Du kannst nicht einfach nur online irgendwas posten. Das muss Hand und Fuß haben! Der Herr Bam hat am Tag unzählige Bewerbungen auf dem Schreibtisch, da musst du auffallen und überzeugen, und zwar durch Leistung. Da brauchst du 'ne ordentliche Bewerbungsmappe, ein vernünftiges Passfoto und vielleicht sogar ein Empfehlungsschreiben von mir. Aber so wird das nichts, fürchte ich.«

Justin: »Er hat gerade geantwortet. Geht klar, sagt er!«

Die Klasse jubelt. Alle fangen sofort an zu kommentieren und zu liken. Außer Anastasia, die mich immer noch anstarrt. Ich muss plötzlich an den kleinen Marvin denken. Mir wird heiß und kalt.

Herr Schröder: »Handys weg! Keine Handys im Unterricht! Aber freut mich natürlich echt für dich, Justin.

Und, ehm, eine Sache noch, Leute. Anastasia, ich möchte mich bei dir entschuldigen, ich hab da vorhin ein bisschen blöd rumgewitzelt über deinen Praktikumsplatz und so. Tut mir leid.«

Anastasia (erstaunt): »Echt jetzt? Ja ... okay.«

Die Klasse ist plötzlich ganz still. Schließlich nimmt sich Lisa-Marie ein Herz und bricht das Schweigen.

Lisa-Marie: »Herr Schröder, gab es damals bei Ihnen in der Schule eigentlich auch so was wie Berufsberatung?«

Herr Schröder: »Ja, natürlich.«

Anastasia: »Aber?«

Herr Schröder: »Was ›aber‹?«

Anastasia: »Haben Sie an dem Tag gefehlt?«

Herr Schröder: »Nein. Wie meinst du? Weil ich ...? Na ja ... uns standen damals längst nicht so viele Türen offen wie euch heute. Die Welt war kleiner, enger gefasst, ging aber mehr in die Tiefe. Ihr müsst euch heute ja für nichts mehr anstrengen. Alles schon da, alles nur einen Wisch entfernt. In eurer gottverdammten Selfie-Welt. Gab es damals nicht. Wir mussten uns noch viel umständlicher ein Bild von uns selbst und der Welt da

draußen machen! Work und Travel bestand ausschließlich aus ›Work‹ und vielleicht mal einem Tagesausflug
ins Sauerland. Ihr könnt euch euren Lebenslauf heutzutage einfach aus dem Netz ziehen, Uni-Abschlüsse
downloaden, oder ihr setzt euch in den Flixbus und
macht einen auf Gap Year ... *(haut wütend aufs Pult)* Und
wenn mal was danebengeht, haltet ihr euch einfach wie
das Äffchen-Emoji die Hände vors Gesicht und fertig.
Unser Handeln damals hatte noch echte Konsequen-
zen.«

Ich bekomme einen Kloß im Hals.

Herr Schröder: »Wenn ich eure Möglichkeiten gehabt
hätte! Dann hätte ich vielleicht eine Doktorarbeit geschrieben. Oder Theaterregisseur hätte ich werden können, Schriftsteller, Journalist ... Anfragen gab es viele.«

Anastasia: »Ach ja?«

Herr Schröder: »Also ich hab hier und da angefragt.«

Die Klasse lacht. Ich ringe um Fassung.

Lisa-Marie: »Was hat Sie denn aufgehalten?«

Herr Schröder (leise): »Ich habe mich nicht getraut.
Weil ich Angst hatte, die Leute würden mich auslachen.
Ich hatte Angst, sie könnten mit dem Finger auf mich

zeigen und sagen: ›Oh, da will aber jemand hoch hinaus. Höhenflug ... oder von Mut geträumt, haha?‹ So was.«

Anastasia: »Und dann dachten Sie: ›Werd' ich halt Lehrer, da kann man nichts falsch machen‹? Nichts gewagt, aber auch nichts verloren.«

Ich schweige. Die Klasse schweigt.

Murat: »Krass.«

Anastasia: »Und die ganze Sache mit Lehrer des Jahres soll jetzt Ihr Ego aufrichten ...«

Justin: »Voll psycho.«

Torben-Manuel (mitfühlend): »Ich wähl' Sie, Herr Schröder. Wer noch?«

Gemurmel in den Reihen. Höre ich da Zustimmung? Meine Stimmung hellt sich augenblicklich auf.

Herr Schröder (gerührt): »Voll nett von euch, aber es ist nicht eure Aufgabe, mich glücklich zu machen. *(atmet hörbar aus)* Aber helfen würde es natürlich. Auch privat ist es bei mir nämlich gerade ... meine letzte Beziehung, das war auch irgendwie ... na ja, ist lange her ... Ihr, liebe 10a, seid eigentlich die Einzigen, mit denen ich reden kann.«

Ich ziehe mir theatralisch mein Cordjackett über und signalisiere, dass die Stunde hiermit beendet ist. Die Schüler bleiben reglos sitzen.

Herr Schröder: »Macht euch keine Sorgen um mich. Ich wünsche euch alles Gute für die Zukunft. Wählt den Beruf, der euch inspiriert. Träumt, habt Mut! Ihr seid verheißungsvolle Geschöpfe, jeder Einzelne von euch. Die Signale stehen auf Grün. Rennt los!«

Justin: »Jetzt?«

Murat: »Alles wird gut, Herr Schröder. Wir werden Sie bei ElitePartner anmelden.«

Mein Kinn fängt an zu zittern, ich kämpfe mit den Tränen.

Anastasia: »Ich weiß schon einen 1A-Schröder-mäßigen Profiltext: ›Jung gebliebenes Löschpapier im Buch des Lebens sucht fröhlich-frischen Tintenklecks zum Aufsaugen.‹«

Die Klasse kichert. Ich gehe Richtung Tür, bleibe an der Schwelle stehen, halte mich am Türrahmen fest und drehe mich noch mal um. Aber irgendwie will mir keine lustige Antwort mehr einfallen.

Herr Schröder (stottert): »Danke. Danke, Leute. Ehrlich.«

Murat (ruft): »Gerne, wir hoffen, wir konnten Ihnen mit der Lebensberatung helfen.«

Kapitel 25 🖉

Der Abschlussball

Auf dieses Ereignis haben die Schülerinnen und Schüler ihr ganzes Leben hingefiebert. Ein verheißungsvoller Trommelwirbel scheint in der Luft zu liegen. Eltern, Schüler und Lehrer tragen ihren besten Zwirn. Die Welt hält den Atem an. Denn heute ist es so weit:

Der HFG-Lehrer des Jahres wird bekanntgegeben.

Nach meinem rührigen Abgang letzte Woche in der 10a rechne ich mir wieder leicht gestiegene Chancen aus.

Aber bevor es so weit ist, muss noch die routinemäßige Zeugnisvergabe der 10. Klassen samt langweiligen Lobes- und Dankesreden über die Bühne gebracht werden. Die angemietete Stadthalle ist bis auf den letzten Platz gefüllt. Da die Klimaanlage kaputt ist, fächern sich alle mit dem Programmheft Luft zu. Ich sitze in der letzten Reihe am Rand und wische scheinbar unbeteiligt auf meinem Smartphone rum. Die zwei Sekt, die ich schon intus habe, helfen sehr gut gegen die innere Anspannung.

Aktuell arbeitet sich vorne auf der Bühne die Flummi-Truppe an einer Chorversion von »Herzbeben« ab. Tatsächliche Anteilnahme lässt sich nur bei Laminier-Lara, der verantwortlichen Musikreferendarin, erkennen. Ich hole mir einen dritten Sekt vom Büfett und taufe Laminier-Lara in meinem Kopf um in Lass-uns-leben-Lara. Der Zeitplan des Abends ist bereits nach zwölf Minuten um eine halbe Stunde überschritten.

Irgendwann ist die Darbietung Gott sei Dank vorbei. Als Nächstes tritt eine untersetzte Mittfünfzigerin ans Rednerpult. Seit einem Jahrzehnt ist sie die Vorsitzende des Elternbeirats und somit das parentale Sprachrohr des Grauens. Ihr ist es zu verdanken, dass endlich alle Stühle Filzgleiter bekommen haben und dass es am Kiosk jetzt auch das grüne Balisto gibt. Eine weitere nennenswerte Errungenschaft des Elternbeirats: die Änderung der Melodie der Schulklingel von Cis-Dis-A zu B-Cis-E. Sie hatte diese Tonfolge auf einem Achtsamkeitsseminar gehört und war der Meinung, dass sie einen stimulierenden Effekt auf die Schüler haben würde. Wir können das leider bisher noch nicht bestätigen.

Den brisanten Inhalten ihrer Projekte entsprechend gestaltet sich auch ihre heutige Rede leidenschaftlich und kämpferisch: »Wir haben es satt ... als Mutter von drei Kindern ... eine Unverschämtheit ... man wird in diesem System nur mit Füßen getreten.«

Ich schreie spontan »Bravo!« und gehe dann kurz raus an die frische Luft. Vor der Stadthalle begegne ich Justin und Murat. Sie stehen in ihren C&A-Anzügen an einen Baum gelehnt und rauchen.

Herr Schröder: »Hey Jungs, lame Party, oder? Habt ihr 'ne Fluppe für mich?«

Justin (stutzt): »Sie rauchen?«

Herr Schröder (lacht): »Ja, aber nur wenn ich besoffen bin. Habt ihr noch was aus Amsterdam reingezwirbelt?«

Murat (streng): »Herr Schröder, haben Sie wieder Apfelschorle getrunken?«

Justin gibt mir eine Zigarette. Murat gibt mir Feuer.

Herr Schröder (wuschelt ihnen durch die Haare): »Wer von euch Dumpfbacken hält eigentlich die Abschlussrede für die 10. Klassen dieses Jahr?«

Justin: »Anastasia. Wer sonst? Die hat echt 'n Plan mit Wörtern und so.«

Ich nehme einen tiefen Zug und huste.

Herr Schröder: »Na ja, so dolle, glaubt mir ... die kocht auch nur mit Wasser, und zwar mit ganz kleinen Töpfen, wenn ihr versteht, was ich meine ...«

Murat (entnervt): »Herr Schröder, wir haben keinen Bock mehr auf diese sexistische Kackscheiße.«

Justin (augenrollend): »Das ist so 2010.«

Die beiden werfen ihre Zigaretten auf den Boden und treten sie aus.

Justin: »Wir müssen dann auch mal wieder rein. Anastasia ist gleich dran.«

Ich schaue den beiden hinterher, wie sie ins Gebäude zurückgehen.

Herr Schröder: »Ja, eilt nur hinein, ihr emsigen Absolventen. Wärt ihr im Deutschunterricht nur halb so motiviert gewesen! Goethe, Schiller, Shakespeare, alles uninteressant, aber die Gedanken eines sentimentalen Teenagers, die sind jetzt *total* wichtig!«

Die umstehenden Schüler und Eltern schauen mich skeptisch an. Ich drücke die halb aufgerauchte Zigarette am Baum aus und schnipse sie weg. Jung und lässig? Kann ich auch.

Wenn ich erst mal Lehrer des Jahres bin, werden sich alle darum reißen, mit mir abzuhängen.

In dem Moment kommt Torben-Manuel mitsamt seiner Nerd-Gang stolz aus dem Seiteneingang. In den Händen halten sie Preise, die sie für ihr Engagement in der Technik-AG bekommen haben. Einen Lego-VW-Bus und eine 360-Grad-GoPro-Kamera.

Herr Schröder (witzelnd): »Na, wenn das mal nicht Tick, Trick und Track sind. Wo soll's denn hingehen? Nach Entenhausen?«

Torben-Manuel (irritiert): »Was?«

Von der Seite mischt sich plötzlich eine gut gekleidete, junge Frau ein.

Mutter Torben-Manuel: »Herr Schröder, ich möchte Ihnen jetzt mal sagen, auch stellvertretend für alle anderen Eltern, dass ich es unmöglich finde, wie Sie sich in letzter Zeit benehmen. Denken Sie, Ihr Verhalten hat Vorbildcharakter?«

Eltern und Schüler bilden einen Halbkreis um mich. Ich merk' jetzt doch ganz leicht den dritten Sekt.

Mutter Torben-Manuel: »Der Torben-Manuel hat ja zu Hause schon oft erzählt, was für ein pädagogischer Totalausfall Sie sind, aber wie Sie hier beim Abschlussabend besoffen die Kinder anpöbeln, das sprengt den Rahmen. Ich bin nur froh, dass *mein Junge* Sie in Zukunft nicht mehr ertragen muss. Der fängt jetzt ein Praktikum am Fraunhofer-Institut an und wird es eines Tages noch weit bringen.«

Herr Schröder (weiter witzelnd): »Dürfen am Fraunhofer-Institut überhaupt Männer arbeiten?«

Gerade als mir Torben-Manuels Mutter an die Gurgel springen möchte, kommt der Klausmeister raus.

Klausmeister: »Hey, ihr Kartoffeln. Alle mal rein jetzt, das Mädchen hält gleich die Rede.«

Als ich die Stadthalle wieder betrete, wird gerade von sechs Lehrerinnen ein orientalischer Bauchtanz aufgeführt. Der gesamte Saal steht auf den Stühlen und klatscht neben dem Takt. Zum Ende hin wird Kommissar Plömsgens von den Tänzerinnen auf die Bühne geholt. Er tritt selbstzufrieden ans Mikrofon.

Kommissar Plömsgens: »Liebe Schülerinnen und Schüler, liebe Eltern, verehrtes Kollegium. Heute ist ein ganz besonderer Tag. Lange haben wir darauf hingefiebert, und nun ist es so weit ... doch wo ein Weg endet, beginnt ein neuer ... der rechte Pfad ... kann man nur mit dem Herzen sehen ... Fußstapfen anderer tritt, hinterlässt selbst keine ...«

Ich werde von einem zurückhaltend-höflichen Applaus geweckt. Anscheinend bin ich kurz eingenickt.

Jetzt ist Anastasia dran. Antigravitätisch schwebt sie zum Podium. Alle nehmen ihre Plätze ein. Das Geschirrgeklimper aus dem Büfettbereich verstummt, sogar das Thekenpersonal und die Mitarbeiter vom Partyservice legen kurz ihre Arbeit nieder und blicken zur Bühne. Spotlight auf Anastasia.

Anastasia: »Meine sehr verehrten Damen und Herren, liebe LGBTQ-Gemeinde, Ladies & Genderfans, was geht ab?«

Die Oberstufe johlt jetzt schon.

Anastasia: »Mir wird heute die Ehre zuteil, mal kurz zusammenzufassen, was in den letzten Jahren passiert ist. Lassen Sie mich dazu ein Goethe-Zitat bemühen. Faust, der Tragödie erster Teil, Studierzimmerszene, Seite 234, Vers 1387: ›Nix‹.«

Mittel- und Oberstufe brüllen vor Lachen. Auch das Kollegium biegt sich auf den Stühlen. Ich verschränke die Arme, wende mich an meine Sitznachbarin und flüstere: »Falsch zitiert.« Sie ignoriert mich.

Anastasia: »Wie viele von euch wissen, war vor allem das letzte Jahr voll von Absurditäten und kleineren Katastrophen. Exemplarisch möchte ich hier an das Debakel bei der Aufführung der Theater-AG und an die Klassenfahrt nach Amsterdam erinnern. (schaut zu mir) Aber Lehrer sind auch nur Menschen. Mir war zum Beispiel lange nicht klar, dass unser Mathelehrer Herr Peters nicht nur Zahlen, sondern auch Buchstaben benutzen kann. Wenn auch in der falschen Reihenfolge, aber hey.«

Zeit-Axel lächelt verkrampft und winkt ins Leere. Justin zieht sein Jackett aus und wirbelt es johlend durch die Luft.

Justin: »Beste!«

Ich merke bei meiner immer noch desinteressierten Sitznachbarin an, dass der Satz grammatikalisch unvollstän-
dig ist.

Anastasia: »Danke, Herr Peters! Dank Ihnen weiß ich,
dass ein Polynom kein bösartiges Magengeschwür ist,
sondern lediglich welche verursacht. Aber Sie haben
immer an uns geglaubt. Und Ihre Noten waren fair.«

Freundlicher Applaus.

Anastasia: »Nun zu Ursula Fink: Ihnen möchte ich nicht
nur ›Danke‹ sagen, sondern vor allem: ›Gern geschehen!‹
Wir waren immer für Sie da, egal wie zerstreut Sie waren. Die Aussage ›Heute bin ich mal nicht so vorbereitet‹
war jeden Morgen Ihr Begrüßungssatz. Aber dafür haben wir viel über das Leben einer alleinstehenden Frau
im besten Alter gelernt, die immer nur ein schlechtes
Date davon entfernt war, ihre Katzensammlung auf fünf
Exemplare zu erhöhen. Aber: Ihr Selbstmitleid war bei
uns in guten Händen.«

Kommissar Plömsgens bedeutet dem Klausmeister, das
Mikrofon auszustellen, doch der schüttelt den Kopf.

Anastasia: »Trotz allem: Sie waren empathisch, zuge-
wandt und einfühlsam.«

Ich wende mich zu meiner Sitznachbarin: »Das war jetzt streng genommen dreimal das gleiche Adjektiv. Synonyme.« Kuschel-Ursel legt das Strickzeug aus der Hand, steht auf und verbeugt sich.

Anastasia: »Ein fettes Danke außerdem an unseren Klausmeister: Danke für die Geheimverstecke in den abgelegenen Kellergewölben der Schule. Vor allem nach der Amsterdam-Fahrt waren diese für uns strategisch wichtig. Ihr kaukasisches Herz schlägt am rechten Fleck. Auf Sie konnten wir immer bauen.«

Ich schaue rüber zum Klausmeister. Er blinzelt hektisch und wischt sich die Wange.

Anastasia: »Grüße gehen auch raus an unseren großartigen Sportlehrer Theo Eisenmann.«

Sie klopft sich mit der Faust auf die Brust.

Anastasia: »Ich hoffe, Sie werden Ihren Kampf gegen den Alkohol irgendwann gewinnen.«

Trillerpfeifen-Theo rutscht auf seinem Stuhl hin und her und lacht verkrampft.

Anastasia: »Nun ein paar Worte an meine Mitschülerinnen und Mitschüler. Wir bleiben zusammen, auch wenn sich vor uns jetzt eine Wegscheide auftut.«

Justin (ruft rein): »Sie hat Scheide gesagt!«

Murat (schubst ihn): »Halt die Fresse, werd erwachsen.«

Anastasia: »Wir haben jetzt eine so lange Zeit miteinander verbracht. Leider oft in den frühen Morgenstunden, in denen die wenigsten von uns zurechnungsfähig waren. Aber ihr seid mir alle ans Herz gewachsen. *(Taschentücher werden rausgeholt)* Leute, ihr alle wart meine Schule. Meine Schule des Lebens. Eine bessere gibt es nicht.

Zum Beispiel Justin: Ohne dich wüsste ich nicht zu schätzen, aus was für einem Elternhaus ich komme. Schon als Fünftklässler hast du an den Haltegriffen im Schulbus deine Klimmzüge gemacht und den Nothammer geklaut. Ein toxisches Männlichkeitsbild gab dir das Gefühl, du müsstest so schnell wie möglich ein ›echter Mann‹ werden. Ich und die ganze Stufe, wir wissen um deinen guten Kern. Damals bei der Klassenfahrt, in dieser psychedelischen Nacht im ›Walpurgis‹, da hast du das Rudel zusammengehalten und auf alle aufgepasst. Du hast dich erst hingelegt, als wirklich jeder auf seinem Zimmer war, auch Herr Schröder, der dich weiß Gott nicht immer mit Respekt behandelt hat. Und Murat, du hattest immer ein offenes Ohr und die Hälfte deiner Zigarette für mich.«

Murat lächelt, macht aber auch Halsabschneidergesten, die ihr bedeuten sollen, das Thema zu wechseln.

Anastasia: »Oder Torben-Manuel. Du und deine Freunde, ihr seid fucking Nerds. Aber die Welt braucht euch. Bleibt so seltsam, wie ihr seid! In euren Jugendzimmern schraubt ihr wahrscheinlich schon an den ganz großen Ideen. Euer Erfindungsreichtum wird eines Tages vielleicht mal die ökologisch sinnvolle Stromversorgung dieser stickigen Mehrzweckhalle hier gewährleisten. Früher wurdet ihr ausgelacht wegen eurer Schutzhelme auf dem Kinderroller – aber in zehn Jahren führt ihr die Energiewende an.«

Torben-Manuel und seine Freunde liegen sich schluchzend in den Armen.

Anastasia: »Lisa-Marie: Du bist meine Schwester im Geiste. Du hast mir den Poetry Slam nahegebracht. Vor allem damals hat mir das sehr geholfen, in der schwierigen Phase, als mein Tagebuch verschwunden war. Fast hätte mir der Deutschunterricht den Spaß an der Sprache verleidet. Du hast dafür gesorgt, dass das nicht passiert. Das hier geht an dich:

Wir sind halt alle verrückt,
aber nur 'n bisschen, zum Glück,
wir stehlen die Pferde
und bringen sie zurück.«

Lisa-Marie kommt auf die Bühne gestürmt, und die beiden Freundinnen fallen sich in die Arme. Tosender Beifall.

Der Klausmeister fadet ungefragt »One Moment in Time« ein. Von der Decke kommen Luftballons, gefolgt von Konfettiregen. Plömsgens schreitet Richtung Mikro. Die Rede scheint vorbei zu sein. Komisch, sie hat mich kaum erwähnt. Doch halt, Anastasia geht wieder ans Pult.

Anastasia: »Ich bin noch nicht fertig. Ein paar Worte möchte ich noch über unseren langjährigen Klassenlehrer verlieren.«

Herr Schröder: »Wurde ja auch Zeit!«

Anastasia: »Es war für viele von uns das Abschlussjahr, und Sie haben sich voll ins Zeug gelegt. Sie haben gekämpft, jeden Tag aufs Neue. Sie haben sich richtig eingesetzt. Allerdings nicht für uns, sondern nur für Ihren Plan, Lehrer des Jahres zu werden. Ich erspare uns allen die peinlichen Details. Aber fragen wir doch jetzt einfach mal spontan das Publikum. Wer der Meinung ist, dass Herr Schröder NICHT Lehrer des Jahres werden soll, der mache bitte ein Tiergeräusch seiner Wahl.«

Das Auditorium erbebt. So muss es auf der Arche Noah geklungen haben. Zur Brunftzeit.

Anastasia hebt beschwichtigend die Arme, doch niemand reagiert. Erst als der Klausmeister mit einer Schreckschusspistole (die übrigens erstaunlich echt klingt) in die Luft schießt, kehrt Ruhe ein. Von der Decke bröckelt ein wenig Putz.

Anastasia: »Herr Schröder: Wenn Ihr Geltungsdrang so groß ist, dass es Ihnen wichtiger ist, diesen albernen Titel zu erringen, als Ihre Klasse zum Abschluss zu bringen, dann sollten Sie vielleicht mal überlegen, ob das hier überhaupt der richtige Beruf für Sie ist.«

Ein Raunen geht durch den Saal. Ich springe auf.

Herr Schröder: »Jetzt reicht's aber mal! Ihr wollt euch doch nichts von einem Mädchen erzählen lassen, das davon träumt, eine Amsel auf einem Dachfirst zu sein!«

Anastasia schaut mich ernst an.

Anastasia: »Woher wissen Sie das?«

Die gesamte Aufmerksamkeit des Saals konzentriert sich plötzlich auf mich.

Herr Schröder: »Das steht doch in deinem scheiß Tagebuch! Direkt nach dem Abschnitt, in dem du das gesamte Kollegium in den Dreck ziehst, und unmittelbar vor den erotischen Fantasien mit Trillerpfeifen-Theo.«

Es ist mucksmäuschenstill im Saal. Die Musik ist aus. Nur das Surren der Scheinwerfer-Lüftung ist zu hören. Anastasia steht immer noch auf dem Podium. Sie scheint nachzudenken. Dann richtet sie ihren Kragen, räuspert sich und ruft schließlich feierlich:

Anastasia: »So. Das war unsere kleine unterhaltsame Einlage aus der Theater-AG. Haben wir extra einstudiert für heute Abend. Applaus bitte für alle Beteiligten. Vor allem für den Regisseur dieser Tragödie, Herrn Schröder!«

Große Irritation im Raum. Niemand weiß, was zu tun ist. Unsichere Blicke nach allen Seiten. Dann beginnen die Ersten zögerlich zu klatschen, bis immer mehr Leute mit einstimmen und schließlich alle applaudieren. Anastasia tritt neben das Pult und verbeugt sich dreimal in alle Richtungen. Dann geht sie wieder ans Mikrofon.

Anastasia: »Ich glaube, ich habe die Redezeit schon ausreichend strapaziert. Wir wollen ja alle irgendwann noch mal nach Hause und den ›Tatort‹ in der Mediathek nachholen.«

Erleichtertes Gelächter erfüllt den Raum.

Eine Stunde später. Ich stehe mit Trillerpfeifen-Theo an der Bar und gratuliere ihm zum Lehrer des Jahres. Er ist sichtbar in Siegerlaune und knufft mir gönnerhaft in die Seite. Dann kneift er mir in die Wange.

Trillerpfeifen-Theo: »Schrödi, Schrödi, Schrödi, was 'ne geile Aktion mit Anastasia! *(nimmt mich in den Schwitzkasten)* Deinen schrägen Humor, Schrödi, den müsste man haben.«

Eine Gruppe Sechstklässler kommt angelaufen. Marvin Seidelmeyer und seine neuen Freunde.

Marvin: »Herr Schröder, wir wollen auch in die Theater-AG nächstes Schuljahr!«

Trillerpfeifen-Theo lässt mich los.

Herr Schröder: »Na klar, Kinder, ich würde mich total freuen, euch dabeizuhaben, allerdings wurde mir die Leitung entzogen. Aber vielleicht könnt ihr mal zu Kommissar Plömsgens rübergehen und ein gutes Wort für mich einlegen.«

Die Gruppe stürmt los.

Ich lehne mich an die Bar und bestelle eine Apfelschorle. Dann sehe ich, wie der Klausmeister auf mich zukommt. In seinem Mund eine qualmende Zigarre. Er stellt sich neben mich.

Klausmeister: »Da hat das Mädchen dir aber ganz schön den Arsch gerettet, was?«

Ich atme ein. Und aus.

Klausmeister: »Musst nicht antworten. Ich weiß eh Bescheid. Wir Zyprioten mischen uns nicht ein in Dinge, die uns nichts angehen ...«

Herr Schröder (stutzend): »Ich dachte, du kommst aus Jugoslawien ...«

Klausmeister: »... aber glaub mir, irgendwann kommt trotzdem immer alles raus. Egal, wie gut man lügt oder es versteckt. Denk mal drüber nach. Du hast gerade eine zweite Chance bekommen. Mach was draus. Du bist vielleicht nicht Lehrer des Jahres geworden, aber du kannst jederzeit für eine Schülerin oder einen Schüler den Unterschied machen – zwischen Fliegen und Fallen. So wie Anastasia bei dir heute.«

Er schaut mich noch einen Moment an, dann verschwindet er in der Menge.

Epilog 🖊

Wir machen heute
fünf Minuten früher Schluss

Das hier ist das Ende des Buches. Sie haben es geschafft. Respekt!

An all jene, die direkt hierhin vorgeblättert haben: Sie haben leider die Stelle verpasst, wo der brennende Tiger durch den radioaktiven Ring in das Haifischbecken springt.

Hier endet die Geschichte. Vorläufig. Lassen Sie uns einen Moment innehalten, zurückschauen und vielleicht, nachdem ich so mitteilsam war, das Buch einmal selbst zu Wort kommen.

Das Buch:
»Wissen Sie noch, als Sie mich zum ersten Mal in den Händen hielten? Was waren wir beide aufgeregt. Und jetzt haben wir schon so viel zusammen erlebt! Darf ich ›du‹ sagen?

Die ersten Wochen verbrachte ich ja nur auf deinem Nachttisch, als Ablage für Handy und Beißschiene. Aber eines Tages war es dann so weit. Und was haben wir für schöne Stunden seither verbracht! Na gut, zweimal bin ich in die Badewanne gefallen, und meine Rückseite zieren ein paar Kaffeeringe, außerdem habe ich nun mehr Eselsohren, als auf einer Weide in Klausmeisters Heimatdorf zu finden sind. Dennoch: Du warst mir ein guter Leser. Entschuldigung: ein*e gute*r Leser*in! Dein sanfter, aber bestimmter Griff gab mir Halt; dein gütiger Blick sah über manchen meiner Makel und Unzulänglichkeiten hinweg. Danke dafür.

Zugegeben: Manchmal warst du etwas hastig, und dir ist das ein oder andere Bonmot entgangen. In deinen Augen sah ich oft eine gewisse Rastlosigkeit und manchmal sogar den Zeilensprung ans Satzende.

Aber schauen wir doch mal, was andere Bücher über dich schreiben. Hier ein paar Rezensionen, die ich online auf die Schnelle gefunden habe:

Hatte ich mir mehr von erhofft. Ich meine, ich trage den Namen von Schirach – und dann werde ich in der Bahn liegen gelassen? ★☆☆☆☆.

Top, gerne wieder. Hat an den richtigen Stellen gelacht und mir keine falschen Emotionen vorgespielt. Ende wurde leider nicht gelesen. ★★★★☆.

Was für ein Streber! Dass manche Leute Stellen markieren, die ihnen wichtig erscheinen, bin ich ja gewohnt. Aber Rechtschreibfehler rot umkringeln? Come on. ★★⯪☆☆.

Offensichtliche Verständnisprobleme bei langen, verschachtelten und aufeinander Bezug nehmenden Haupt- und Ne-

bensatzkonstruktionen, was in letzter Konsequenz zu einem
frühzeitigen Abbruch des Leseerlebnisses führte. Ich freundete
mich daraufhin mit der Fernsehzeitschrift an. Sie war wahn-
sinnig attraktiv, aber im Geiste schlicht. Mir gefiel ihre sanft-
autoritäre Bestimmtheit. Immer wenn ich unaufmerksam
wurde, rief sie: Hör zu! ★★★☆☆.

So viel zur Meinung des Internets. Ich fühlte mich von
dir, lieber Leser, *immer* wertgeschätzt.
An dieser Stelle noch ein letzter Wunsch: Bitte lasst
mich NICHT zur Pflichtlektüre im Deutschunterricht
werden, denn dies ist das Ende eines jeden Buches.
So, und nun hat Schrödi das letzte Wort.«

Herr Schröder: »Liebe Leser, es tut mir leid, dass die bebilderten Passagen nie kamen. Auch an anderer Stelle
war ich nicht ganz ehrlich. Der Inhalt dieses Buches
ist nämlich doch klausurrelevant! Aber keine Sorge: Es
handelt sich lediglich um einen kleinen Lektüretest, der
auch nur zu 85 Prozent in Ihre Endnote einfließt.«

TEST

Was bestellt Herr Schröder im »Walpurgis«?

A) Eine Apfelschorle

B) Eine Apfelschorle ohne Eis

C) Der Schwester der Thekenkraft schöne Grüße

Welches Stück hat die Theater-AG auf die Bühne gebracht?

A) Die Räuber

B) Dreigroschen-Opa

C) Schrödipus

Wo fand Herr Schröder Anastasias Tagebuch?

A) Im Anne-Frank-Haus

B) In der Thalia-Buchhandlung

C) Im Klassenzimmer

Wie heißt der Klausmeister mit Nachnamen?

A) Wirschinzki

B) Waschnevski

C) Wischnevskaya

Wer wurde am Ende Lehrer des Jahres?

A) Herr Schröder

B) Herr Schröder

C) Herr Schröder

Danksagung

Liebe Leserin, lieber Leser,

an *World of Lehrkraft* wirkten viele wunderbare Menschen und Freunde mit. Ich danke meiner Agentur hb management, besonders Heidrun Buchmaier und Hanne Müller, für die unermüdliche Ganztagsbetreuung.

Besonderer Dank geht an die Lektorin Astrid Herbold für die vertrauensvolle Zusammenarbeit. Astrid, bei dir hätte ich gerne Deutsch-Unterricht gehabt!

Ebenso danke ich meiner Erstleserin Dorothee Suchomel für ihr unbestechliches Urteil und ihr Adlerauge.

Des Weiteren danke ich Torben-Manuel (10a), Justin (10a) und Marvin Seidelmeyer (6b) für die inspiratorische Initialzündung. Eure Verhaltens-Kreativität befeuerte meine. Behaltet euer Herz im Brustbeutel mit Sichtfenster!

Danke an den Fotografen Robert Maschke, dass du dem Cordjackett-Opfer zu einem noch nie da gewesenen optischen Glanz verholfen hast. Zu meinem Team gehören des Weiteren mein hochbegabter PR-Agent Christoph Kalbitzer und die Agentur MISTRAL! marketing. Vom ersten Wohnzimmerauftritt bis heute rückt ihr mich ins rechte Licht. Ihr seid versetzt!

All diese Menschen haben sich ein Fleißmärkchen verdient. Ihr seid der Grund dafür, dass es World of Lehrkraft als Buch gibt. Danke!